北大社·"十四五"普通高等学校本科规划教材
高等院校汽车专业"互联网+"创新规划教材
智能车辆工程专业系列教材

智能车辆工程专业导论

崔胜民　主编

内 容 简 介

本书全面、系统地论述了大学新生特别是智能车辆工程专业新生关心的专业热点问题，包括智能车辆工程专业的学习内容，毕业后从事的工作；国内外汽车工业现状及主要汽车企业；智能车辆工程涉及的专业基础知识和新一代信息技术；智能网联汽车产业的岗位方向、岗位职责和能力要求；智能车辆工程专业实施课堂教学、实践教学、社会实践和科技活动的方法；就业、读研和创业的规划。

本书内容新颖、图文并茂、通俗易懂，注重引导性和实用性，是对专业教材的重要补充。

本书可作为高等学校智能车辆工程专业的教材，也可作为想报考智能车辆工程专业的高中生的参考用书，还可作为智能车辆工程专业建设者的参考书。

图书在版编目（CIP）数据

智能车辆工程专业导论/崔胜民主编. —北京：北京大学出版社，2024.1
高等院校汽车专业"互联网+"创新规划教材
ISBN 978-7-301-34572-6

Ⅰ.①智… Ⅱ.①崔… Ⅲ.①智能控制—汽车—高等学校—教材 Ⅳ.①U46

中国国家版本馆 CIP 数据核字（2023）第 202511 号

书　　　名	智能车辆工程专业导论 ZHINENG CHELIANG GONGCHENG ZHUANYE DAOLUN
著作责任者	崔胜民　主编
策划编辑	童君鑫
责任编辑	孙　丹　童君鑫
标准书号	ISBN 978-7-301-34572-6
出版发行	北京大学出版社
地　　　址	北京市海淀区成府路 205 号　100871
网　　　址	http://www.pup.cn　新浪微博：@北京大学出版社
电子邮箱	编辑部 pup6@pup.cn　总编室 zpup@pup.cn
电　　　话	邮购部 010-62752015　发行部 010-62750672　编辑部 010-62750667
印　刷　者	北京溢漾印刷有限公司
经　销　者	新华书店
	787 毫米×1092 毫米　16 开本　11.75 印张　286 千字 2024 年 1 月第 1 版　2024 年 1 月第 1 次印刷
定　　　价	39.00 元

未经许可，不得以任何方式复制或抄袭本书之部分或全部内容。
版权所有，侵权必究
举报电话：010-62752024　电子邮箱：fd@pup.cn
图书如有印装质量问题，请与出版部联系，电话：010-62756370

前　　言

我国汽车产销量居世界第一，而且汽车正在向电动化、智能化、网联化和共享化方向发展，汽车工业处于快速转型时期，对汽车人才的需求发生了根本变化，也对汽车人才提出了更高的要求。大学新生不是很了解自己的专业，加上专业课一般安排在第六学期，前两学年接触不到专业老师，故一些学生会对专业失去学习兴趣，毕业后不能适应企业需求，造成企业需求与学校培养存在矛盾。为了满足大学新生入学后快速了解所学专业和四年培养过程，以及企业对汽车人才的要求，编者结合 20 余年的学生培养和教学经验编写此书。在编写过程中，力求反映当代学生特别是智能车辆工程专业学生所关心的专业热点问题，以易读、易懂、易用为目标，对智能车辆工程专业涉及的基础知识、信息技术、岗位职责和能力要求、培养过程和职业规划等作出全面、系统的论述，可以帮助智能车辆工程专业学生对大学生活和自己的未来作出科学的规划，通过多种途径提高自己的知识水平、素质和技能。

全书共分 6 章，内容如下：第 1 章介绍世界汽车发展概况，中国汽车发展概况，智能车辆工程专业的培养目标、培养要求、课程体系、就业方向；第 2 章介绍燃油汽车的基础知识，新能源汽车的基础知识，智能网联汽车的基础知识，节能与新能源汽车技术路线；第 3 章介绍汽车人工智能技术，汽车大数据技术，汽车云计算技术，汽车区块链技术；第 4 章介绍智能网联汽车的技术架构和岗位方向，车辆关键技术领域岗位，信息交互关键技术领域岗位，基础支撑技术领域岗位，生产制造领域岗位，应用服务领域岗位；第 5 章介绍智能车辆工程专业人才培养过程中的课堂教学、实践教学、社会实践、科技活动；第 6 章介绍大学生的就业规划、读研规划和创业规划。

本书每章都给出教学目标、教学要求和导入案例，并配有思考题。附录给出了某高校智能车辆工程专业培养方案，"智能网联汽车技术"课程的教学大纲、教学日历和考试模板，"智能车辆工程专业导论"课程的考试模板，便于教师授课和学生学习。本课程建议开设在第一学期；本课程的教学学时为 16～24 学时，各章的教学学时见教学要求中的参考学时，可根据实际情况调整。

在本书编写过程中，编者引用了一些网上资料及参考文献中的内容，特向其作者表示衷心的感谢。

由于编者学识有限，书中不足之处在所难免，恳请读者给予指正。

编　者
2023 年 8 月

资源索引

目 录

第1章 绪论 ... 1
1.1 世界汽车发展概况 ... 2
1.1.1 世界第一辆汽车 ... 2
1.1.2 世界第一条汽车装配流水线 ... 3
1.1.3 世界第一辆无人驾驶汽车 ... 4
1.1.4 世界汽车生产分布 ... 5
1.2 我国汽车发展概况 ... 10
1.2.1 我国第一辆汽车 ... 10
1.2.2 我国第一辆无人驾驶汽车 ... 11
1.2.3 我国汽车工业的发展历程 ... 11
1.2.4 我国主要汽车企业 ... 13
1.2.5 我国汽车产销量 ... 16
1.3 初识智能车辆工程专业 ... 17
思考题 ... 21

第2章 智能车辆工程的专业基础知识 ... 22
2.1 燃油汽车的基础知识 ... 23
2.1.1 汽车的定义与分类 ... 23
2.1.2 汽车的总体结构 ... 24
2.1.3 发动机的组成 ... 25
2.1.4 汽车底盘的组成 ... 26
2.1.5 车身的类型 ... 39
2.1.6 汽车电器的组成 ... 40
2.1.7 汽车的驱动形式 ... 41
2.2 新能源汽车的基础知识 ... 44
2.2.1 新能源汽车的定义与分类 ... 44
2.2.2 纯电动汽车 ... 46
2.2.3 混合动力电动汽车 ... 49
2.2.4 燃料电池电动汽车 ... 52
2.2.5 新能源汽车的关键技术 ... 54
2.2.6 新能源汽车的发展趋势 ... 55
2.3 智能网联汽车的基础知识 ... 57
2.3.1 智能网联汽车的定义与分级 ... 57
2.3.2 智能网联汽车的层次结构 ... 60
2.3.3 智能网联汽车环境感知 ... 61
2.3.4 智能网联汽车导航定位 ... 65
2.3.5 智能网联汽车路径规划 ... 66
2.3.6 智能网联汽车控制执行 ... 69
2.3.7 先进驾驶辅助系统 ... 72
2.3.8 智能网联汽车的关键技术 ... 78
2.3.9 智能网联汽车的发展趋势 ... 80
2.4 节能与新能源汽车技术路线 ... 80
思考题 ... 84

第3章 智能车辆工程的信息化技术 ... 85
3.1 汽车人工智能技术 ... 86
3.1.1 人工智能的定义 ... 86
3.1.2 人工智能的类型 ... 87
3.1.3 人工智能在智能网联汽车上的应用 ... 88
3.2 汽车大数据技术 ... 89
3.2.1 大数据的定义 ... 90
3.2.2 大数据的类型 ... 90
3.2.3 大数据在智能网联汽车上的应用 ... 91
3.3 汽车云计算技术 ... 92
3.3.1 云计算的定义 ... 92
3.3.2 云计算的类型 ... 92
3.3.3 云计算在智能网联汽车上的应用 ... 93
3.4 汽车区块链技术 ... 95
3.4.1 区块链的定义 ... 95

3.4.2 区块链的类型 ………… 95
3.4.3 区块链在智能网联汽车
　　　上的应用 ………… 96
思考题 ……………………… 97

第4章 智能网联汽车产业的人才岗位 …… 98

4.1 智能网联汽车的技术架构和岗位方向 ………… 99
　4.1.1 智能网联汽车的技术架构 ………… 99
　4.1.2 智能网联汽车产业的岗位方向 ………… 100
4.2 车辆关键技术领域岗位 …… 101
　4.2.1 感知算法工程师 …… 101
　4.2.2 智能传感设备标定工程师 ………… 102
　4.2.3 决策控制算法工程师 … 103
　4.2.4 线控底盘系统工程师 … 104
　4.2.5 智能汽车仿真软件工程师 ………… 105
　4.2.6 系统集成架构工程师 … 106
　4.2.7 智能交互系统工程师 … 106
4.3 信息交互关键技术领域岗位 … 107
　4.3.1 车联网通信系统工程师 ………… 108
　4.3.2 大数据开发工程师 … 109
　4.3.3 车联网平台系统集成工程师 ………… 109
　4.3.4 车路协同系统架构工程师 ………… 110
　4.3.5 V2X算法工程师 …… 111
　4.3.6 车路协同硬件设计工程师 ………… 112
4.4 基础支撑技术领域岗位 …… 112
　4.4.1 安全算法工程师 …… 113
　4.4.2 导航定位算法工程师 … 113
　4.4.3 高精度地图数据采集处理工 ………… 114

4.4.4 智能化系统测试工程师 ………… 115
4.4.5 算法测试工程师 …… 116
4.4.6 智能网联汽车测试评价工 ………… 117
4.5 生产制造领域岗位 ………… 118
4.6 应用服务领域岗位 ………… 119
思考题 ……………………… 120

第5章 智能车辆工程专业的人才培养 …… 121

5.1 课堂教学 ………………… 122
　5.1.1 课堂教学的基本文件 … 122
　5.1.2 课堂教学的基本要求 … 124
　5.1.3 常见课程 …………… 125
5.2 实践教学 ………………… 126
　5.2.1 实验教学 …………… 127
　5.2.2 课程设计 …………… 127
　5.2.3 实习实训 …………… 128
　5.2.4 毕业设计 …………… 128
　5.2.5 大一年度项目 ……… 130
5.3 社会实践 ………………… 131
　5.3.1 社会实践的意义 …… 131
　5.3.2 社会实践的路径 …… 133
5.4 科技活动 ………………… 136
　5.4.1 科技活动的意义 …… 136
　5.4.2 科技活动的途径 …… 137
思考题 ……………………… 141

第6章 大学生职业规划 …… 142

6.1 就业规划 ………………… 143
　6.1.1 就业概况 …………… 143
　6.1.2 就业准备 …………… 143
　6.1.3 就业途径 …………… 146
6.2 读研规划 ………………… 149
　6.2.1 考研概况 …………… 149
　6.2.2 读研准备 …………… 149
　6.2.3 读研途径 …………… 151
6.3 创业规划 ………………… 152
　6.3.1 创业概况 …………… 152
　6.3.2 创业准备 …………… 154

6.3.3　创业途径 ………………… 156
　思考题 ………………………………… 157
参考文献 ……………………………… 158
附录一　某高校智能车辆工程专业
　　　　的培养方案 ……………… 159
附录二　某高校智能车辆工程专业的
　　　　"智能网联汽车技术"教学
　　　　大纲 ………………………… 169

附录三　某高校智能车辆工程专业的
　　　　"智能网联汽车技术"教学
　　　　日历 ………………………… 172
附录四　某高校智能车辆工程专业的
　　　　"智能网联汽车技术"考试
　　　　模板 ………………………… 174
附录五　某高校智能车辆工程专业的
　　　　"智能车辆工程专业导论"
　　　　考试模板 …………………… 178

第 1 章 绪 论

通过本章的学习,学生可以了解世界汽车和我国汽车的发展概况,培养对汽车的兴趣;了解智能车辆工程专业,提升专业认同感。

知识要点	能力要求	参考学时
世界汽车发展概况	了解世界第一辆汽车、第一条汽车装配流水线和第一辆无人驾驶汽车的产生;了解主要汽车生产国汽车工业的特点;了解汽车发展史的变革;了解世界十大汽车生产国和十大汽车销售企业;了解世界500强中的汽车企业	2~3
我国汽车发展概况	了解我国第一辆汽车和第一辆无人驾驶汽车的产生;了解我国汽车工业的发展历程;了解我国主要汽车企业;了解我国汽车产销量	
初识智能车辆工程专业	了解智能车辆工程专业的培养目标、培养要求、课程体系和就业方向;了解智能车辆工程专业与车辆工程专业的联系和区别	

导入案例

图1.1所示为行驶在城市道路上的汽车。目前全球汽车保有量超过15亿辆，我国汽车保有量超过3亿辆。汽车成为人类重要的交通工具，为人们的出行带来了方便。

图1.1 行驶在城市道路上的汽车

汽车是谁发明的？汽车主要在哪里生产？汽车产业正在发生哪些变化？汽车的发展目标是什么？为什么设置智能车辆工程专业？通过本章的学习，学生可以得到答案。

1.1 世界汽车发展概况

汽车已经诞生130多年，从革命性的交通工具演变成社会地位和流行文化的象征，且正在从单纯的交通工具向移动智能终端、储能单元和数字空间转变。了解汽车发展过程中的重要事件，对学生开阔视野、增强学习兴趣有重要作用。

1.1.1 世界第一辆汽车

德国人卡尔·本茨于1885年10月成功研制出世界第一辆三轮汽车，如图1.2所示。1886年1月29日，他向德国专利局申请汽车发明专利，同年11月2日获得德国专利局正式批准，这也是世界上第一张汽车专利证书。因此，1886年1月29日被公认为世界第一辆汽车的诞生日。该三轮汽车采用二冲程汽油发动机，行驶速度为15km/h，其前轮小、后轮大，发动机置于后桥上方，动力通过链和齿轮传递到后轮，驱动后轮前进；而且配备电点火、水冷循环、钢管车架、钢板弹簧悬架、后轮驱动、前轮转向和制动手把等装置。但是这款三轮汽车的性能一般，如行驶速度低、装载能力差、爬坡能力不足、故障率高。当然，我们看这款三轮汽车不是看性能，而是看理念的转变，汽油发动机的应用驱动这辆三轮汽车行驶，"汽车"一词应运而生。

1886年，德国人戴姆勒发明了世界第一辆四轮汽车，如图1.3所示。该四轮汽车的行驶速度为18km/h，采用四冲程汽油发动机（排量为0.6L）。

绪 论 第1章

世界第一辆
三轮汽车

图 1.2 世界第一辆三轮汽车

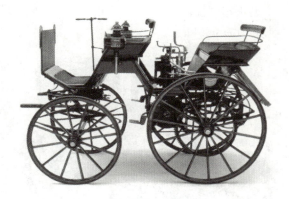

图 1.3 世界第一辆四轮汽车

  1962年，戴姆勒发动机厂和奔驰发动机厂合并为戴姆勒-奔驰汽车公司。德国汽车制造业的龙头企业就此诞生，并成为世界汽车生产企业的"领头羊"。
  卡尔·本茨和戴姆勒是公认的以内燃机为动力的现代汽车的发明者，由于他们的发明创造成为汽车发展史上的重要里程碑，因此两人被尊称为"汽车之父"。

1.1.2 世界第一条汽车装配流水线

  虽然德国人发明了汽车，但没有实现大批量生产汽车。**1913年，福特汽车公司开发了世界第一条汽车装配流水线**，如图1.4所示。该流水线由一个长度为45m、宽度为1.5m、高度为0.6m的木制传送带组成，传送带上放置汽车底盘，每隔3min向前移动一次。在传送带两边，140名工人分成21个小组，每个小组负责一个或多个组装步骤。例如，有些工人负责安装发动机、操控系统和转向盘等重要部件；有些工人负责安装车厢、仪表和照明灯等辅助部件；有些工人负责安装车窗玻璃和轮胎等外观部件。每当传送带移动一次，都会有一辆汽车组装完成，并从另一端驶出。流水线使汽车的组装时间由原来的12.5h缩短至1.5h，生产效率大大提高。
  福特汽车公司发明的汽车装配流水线不仅大幅度降低了汽车成本、扩大了汽车生产规模、创造了一个庞大的汽车工业，而且使当时世界大部分汽车生产从欧洲转移到美国。汽

智能车辆工程专业导论

图 1.4 世界第一条汽车装配流水线

车装配流水线提高了汽车装配速度，现代汽车批量生产由此诞生。可以说，福特汽车公司发明汽车装配流水线掀起了一场汽车工业革命，也称汽车发展史上的第一次变革。

福特汽车公司利用汽车装配流水线生产的福特 T 型汽车（图 1.5）被誉为"20 世纪最具影响力的车型"。福特 T 型汽车的性能在当时不算出众，该汽车的最高速度只有 72km/h，油耗约为 13L/100km，质量约为 540kg。

世界第一辆量产汽车

图 1.5 福特 T 型汽车

截至 1927 年，福特汽车公司共生产 1500 万辆福特 T 型汽车，并占据美国 80% 以上的汽车市场。福特 T 型汽车的装配流水线被誉为"汽车现代化大规模生产模式和汽车消费文化的开创者和象征"。

1.1.3 世界第一辆无人驾驶汽车

1925 年 8 月，世界第一辆无人驾驶汽车在美国诞生。弗朗西斯·胡迪纳坐在一辆用无线电操控前车的汽车上，在这种组合式汽车中，后车通过发射无线电波控制前车的转向盘、离合器和制动器等部件，以实现自动驾驶。虽然这种驾驶方式不安全，也不完美，经常会把无线电波发送到其他接收器上，但是这种组合式汽车是真正意义上的第一辆无人驾驶汽车。

自动驾驶技术获得长足进步是在 20 世纪 70 年代之后，尤其是计算机技术和互联网技术高速发展之后。1977 年，日本筑波机械工程研究实验室率先开发出基于摄像头和模拟计算机检测道路信息的自动驾驶汽车，而放弃了之前一直使用的脉冲信号控制方式。这辆自动驾驶汽车能够以 30km/h 的速度跟随白色的路标自动驾驶，但仍需要钢轨辅助。

2009 年，谷歌无人驾驶汽车（图 1.6）开始投入测试。这辆被称为"豆荚车"的产品成功吸引了消费者的关注。它没有制动器和转向盘，只有"行驶""缓速停止"及"立即停止"三个按键，操作非常方便；其车顶的激光雷达用于探测周边环境，以便汽车做出相应操作。

谷歌无人驾驶汽车

图 1.6　谷歌无人驾驶汽车

无人驾驶汽车是汽车的终极发展目标，也是当前汽车研发的重点。

1.1.4　世界汽车生产分布

世界汽车生产主要分布在美洲、欧洲和亚洲，其中美洲主要有美国、巴西、墨西哥和加拿大等；欧洲主要有德国、法国、英国、意大利和西班牙等；亚洲主要有中国、日本、韩国、印度和泰国等。

1. 主要汽车生产国

在世界汽车发展历史上，美国、德国、日本、法国和英国对汽车工业发展作出了重要贡献。

（1）**美国汽车工业**。美国是汽车车轮上的国家，汽车普及率高。美国汽车工业始于 18 世纪末 19 世纪初，是世界上较早发展汽车工业的国家。

美国是最先采用流水线生产汽车的国家，使汽车生产成本大幅度下降，汽车需求大幅度增长，汽车逐渐成为普及性商品。

美国汽车的特点是车身较庞大，悬架系统和隔音设计非常出色，发动机强调大排量、大功率，安全性也非常好；但不太注重汽车的内饰和油耗等。

世界汽车发展史

美国汽车工业经过了长期的竞争和兼并，目前主要整车制造商有通用汽车公司、福特汽车公司和克莱斯勒汽车公司。

（2）**德国汽车工业**。德国是汽车工业的发源地，是汽车生产历史最悠久的国家。汽车工业是德国国民经济的支柱产业，创造了很多就业岗位、税收和技术创新成果。德国是汽车制造强国，坚持技术领先是德国汽车工业发展战略的核心，无论是生产豪华汽车的梅赛德斯-奔驰集团、宝马集团还是生产普通乘用车的大众公司，都始终将追求技术领先作为企业发展的战略基点。重视技术研发和产品储备是德国汽车工业保持技术领先的重要原因。德国汽车工业研发工作的重点是提高汽车质量、改善安全性能、降低能耗。德国主要汽车公司具有显著的专业化发展特点，梅赛德斯-奔驰集团、宝马集团集中生产豪华乘用车，大众公司集中生产普通乘用车。

在世界汽车竞争格局中，德国一直是技术的倡导者、品质的主导者、发展方向的定调者。德国汽车厂商拥有庞大的海外产能，汽车制造商及汽车供应商遍布世界几十个国家和地区。

德国汽车强调技术的先进性和高度安全性，设计严谨、科学，质量可靠，技术先进，在整车制造技术、零部件的制造和选材方面比较严格，拥有良好的技术性和耐久性；但过度依赖技术和设计的先进性，选材不计成本，导致汽车价格偏高。

德国整车制造商主要有大众公司、梅赛德斯-奔驰集团、宝马集团等。德国拥有众多国际著名汽车零部件供应商，如博世集团、大陆集团和采埃孚公司等。

（3）**日本汽车工业**。与德国和美国相比，日本发展汽车工业稍晚。日本汽车工业在20世纪50年代形成完整体系，60年代进入突飞猛进时期。1961年日本汽车产量超过意大利，居世界第5位；1965年超过法国，居世界第4位；1966年超过英国，居世界第3位；1968年居世界第2位；1980年日本汽车产量首次突破1000万辆大关，达1104万辆，超过美国，居世界第1位。

日本对世界汽车工业的最大贡献是丰田公司开创了精益生产方式，即采用精益求精的态度和科学的方法控制及管理汽车的设计开发、工程技术、采购、制造、储运、销售和售后服务的每个环节，从而达到以最少的投入创造出最大价值的目的，其中每个环节以及各环节之间的衔接都是经过精心筹划和计算的。

日本汽车的设计理念是"两小一大"，即油耗最小、使用成本最小、舒适性和使用便利性最大。日本汽车往往采用小排量发动机，而且节油技术非常先进，使用成本、保养成本和维护成本都比较低。在汽车的设计方面，特别是驾驶舱的设计方面，日本汽车企业选材非常科学，善于营造舒适、温馨的氛围，储物格和电子装备非常多，强调舒适性和便利性。日本汽车的缺点是成本控制导致一些不容易被发现的零部件质量比较低，在设计方面对安全性的重视程度不高。

日本整车制造商主要有丰田汽车公司、本田汽车公司、日产汽车公司、铃木汽车公司、三菱集团和马自达公司等。

（4）**法国汽车工业**。汽车产业是法国的经济支柱之一。法国汽车的最大特点是在欧洲设计理念的基础上突出人性化，其内部储物装置非常多。另外，法国是一个浪漫的国家，这一点也体现在法国汽车上，前卫的设计和车身线条等构成了法国大街上一道道亮丽的风景线。

法国整车制造商主要有标致-雪铁龙公司和雷诺公司。

（5）**英国汽车工业**。从汽车诞生以来，英国汽车一直被认为是汽车工艺的极致及品位、价值、豪华、典雅的完美体现。英国汽车工业曾经无比辉煌，从20世纪20年代到50年代，英国一直保持着世界第二汽车生产国的地位。英国曾经在世界汽车工业发展史上扮演十分重要的角色，打造了许多汽车品牌，如劳斯莱斯、宾利、捷豹、阿斯顿·马丁和路虎等。

2. 汽车发展史的变革

汽车发展史经历了三次变革，正在经历第四次变革。

（1）**第一次变革**。第一次变革是福特汽车公司推出 T 型汽车，发明了汽车装配流水线，使世界汽车工业的发展从欧洲转向美国。为了制造理想的大众化汽车，1908 年美国的亨利·福特推出 T 型汽车，并在 1913 年建成世界第一条汽车装配流水线。1908—1927 年，福特汽车公司生产了 1500 多万辆 T 型汽车，该累计产量纪录直到 1972 年被甲壳虫汽车打破。T 型汽车成为大众消费品，也为汽车产品市场的拓展提供了可能。自此，汽车工业有条件发展为具有广泛用户群体和宏大产业规模的世界性成熟产业。T 型汽车促进了汽车大众化、推进了汽车工业的发展，在世界汽车工业史上具有划时代的意义。

（2）**第二次变革**。第二次变革是欧洲的汽车公司针对美国汽车车型单一、体积庞大和油耗高等弱点，研发出各种新车型，实现了汽车产品多样化。例如，严谨规范的梅赛德斯-奔驰、宝马，轻盈典雅的雪铁龙，雍容华贵的劳斯莱斯，新奇的甲壳虫、法拉利，风靡全球的迷你汽车，等等。1966 年，欧洲汽车产量突破 1000 万辆，超过北美汽车产量，成为世界第二个汽车工业发展中心。1973 年，欧洲汽车产量提高到 1500 万辆。世界汽车工业发展又由美国转回欧洲。

（3）**第三次变革**。第三次变革是日本通过完善管理体系，形成精益生产方式，全力发展物美价廉的经济型汽车。进入 20 世纪 60 年代，日本经济高速发展，内需强劲增长。日本的汽车公司及时推出物美价廉的汽车，日本出现了普及汽车的高潮。1963 年，日本汽车本土销量为 100 万辆，1966 年为 200 万辆，1968 年为 300 万辆，1970 年为 400 万辆。同时，以丰田汽车公司为代表的多家汽车公司将"全面质量管理"和"及时生产系统"管理机制应用于汽车生产，推动了日本汽车工业的发展。1973 年和 1979 年发生了两次世界石油危机，日本生产的小型汽车成为畅销品。日本汽车的本土销售量和出口量高速增长，日本成为继美国、欧洲之后的世界第三个汽车工业发展中心，即世界汽车工业发展发生了由欧洲到日本的第三次转移。

（4）**第四次变革**。第四次变革正在进行，主要表现为汽车工业转向新兴市场，尤其是以中国为代表的市场；动力及驱动能源向新能源转变，驾驶方式向智能驾驶转变。

3. 世界十大汽车生产国

2022 年世界汽车生产量为 8497 万辆。2022 年世界十大汽车生产国生产情况见表 1-1。

表 1-1 2022 年世界十大汽车生产国生产情况

序号	国家	产量/万辆	增长率/(%)	比重/(%)
1	中国	2702	3.6	31.8
2	美国	1002	9.4	11.8
3	日本	783	−0.2	9.2
4	印度	546	24.1	6.4
5	韩国	376	8.5	4.4
6	德国	374	9.2	4.4

续表

序号	国家	产量/万辆	增长率/(%)	比重/(%)
7	墨西哥	347	10.8	4.1
8	巴西	237	5.4	2.8
9	西班牙	222	5.8	2.6
10	泰国	188	11.7	2.2

4. 世界十大汽车销售企业

2022年世界十大汽车销售企业销售情况见表1-2。

表1-2 2022年世界十大汽车销售企业销售情况

序号	企业	销量/万辆	全球市场份额/(%)
1	丰田汽车公司	1010	13.0
2	大众汽车公司	785	10.1
3	现代汽车公司	683	8.8
4	雷诺日产联盟	639	8.2
5	Stellantis集团	634	8.0
6	通用汽车公司	584	7.5
7	本田汽车公司	374	4.8
8	福特汽车公司	367	4.7
9	铃木汽车公司	289	3.7
10	宝马集团	233	3.0

表1-1和表1-2中的排名及数据每年都在改变，教师授课时应查找最新排名及数据。本书涉及年份的数据，教师授课时都应采用最新的。

5. 世界500强中的汽车企业

在2022年《财富》世界500强榜单中，33家汽车与零部件相关企业上榜，见表1-3。排名以营业收入为依据，中国和日本各有8家，德国有6家，美国和韩国各有3家，荷兰、法国、瑞典、印度、加拿大各有1家。中国8家汽车企业分别是上海汽车集团股份有限公司、中国第一汽车集团有限公司、东风汽车集团有限公司、北京汽车集团有限公司、广州汽车集团股份有限公司、浙江吉利控股集团有限公司、怡和集团和比亚迪股份有限公司。

企业在世界500强的座次，体现了企业的经济实力、经营规模和创新能力，反映了企业在世界汽车市场中的竞争地位。

表1-3 世界500强榜单中的汽车与零部件相关企业

序号	公司名称	营业收入/百万美元	利润/百万美元	国家	排名
1	大众公司	295819.8	18186.6	德国	8
2	丰田汽车公司	279337.7	25371.4	日本	13
3	Stellantis集团	176663.0	16789.1	荷兰	29
4	梅赛德斯-奔驰集团	158306.1	27200.8	德国	38
5	福特汽车公司	136341.0	17937.0	美国	53
6	宝马集团	131521.6	14639.6	德国	59
7	本田汽车公司	129546.9	6294.2	日本	61
8	通用汽车公司	127004.0	10019.0	美国	64
9	上海汽车集团股份有限公司	120900.2	3808.4	中国	68
10	中国第一汽车集团有限公司	109404.7	3600.4	中国	79
11	现代汽车公司	102775.0	4318.9	韩国	92
12	博世集团	93106.4	2382.4	德国	108
13	东风汽车集团有限公司	86122.0	1440.9	中国	122
14	日产汽车公司	74994.9	1918.7	日本	161
15	北京汽车集团有限公司	74687.3	318.0	中国	162
16	广州汽车集团股份有限公司	66955.2	607.3	中国	186
17	起亚公司	61049.8	4160.0	韩国	212
18	浙江吉利控股集团有限公司	55860.1	1471.0	中国	229
19	雷诺公司	54639.2	1049.9	法国	237
20	特斯拉公司	53823.0	5519.0	美国	242
21	电装公司	49098.6	2349.2	日本	278
22	采埃孚公司	45298.7	780.3	德国	310
23	德国大陆集团	45162.6	1720.3	德国	312
24	沃尔沃集团	43388.4	3821.9	瑞典	323
25	印度塔塔汽车公司	37797.2	-1536.2	印度	370
26	现代摩比斯公司	36441.8	2055.6	韩国	390
27	麦格纳国际公司	36242.0	1514.0	加拿大	392
28	怡和集团	35862.0	1881.0	中国	397
29	爱信公司	34872.7	1263.5	日本	409
30	比亚迪股份有限公司	32758.0	472.1	中国	436
31	铃木汽车公司	31765.4	1427.4	日本	449
32	住友电工公司	29980.4	857.3	日本	476
33	普利司通公司	29570.2	3589.5	日本	484

1.2 我国汽车发展概况

我国汽车产业进入国际化发展的新阶段。在电动化、智能化、网联化、共享化的推动下，我国汽车企业正在加快转型升级，不断提高创新能力，积极参与全球汽车市场的竞争。

1.2.1 我国第一辆汽车

1956 年 7 月 13 日，中华人民共和国第一辆汽车——解放牌载重汽车（图 1.7）在长春第一汽车制造厂下线。 其拥有 70kW 的六缸汽油发动机，载重量为 4t，最高行驶速度为 65km/h，油耗为 29L/100km。

图 1.7 解放牌载重汽车

解放牌载重汽车的诞生，结束了我国不能自己制造汽车的历史，也初步奠定了我国汽车工业的基础。解放牌载重汽车问世后，迅速成为我国城乡交通和公路运输的"主力军"。

1958 年 5 月 12 日，第一辆东风牌轿车（图 1.8）在长春第一汽车制造厂诞生，标志着我国汽车工业技术水平的提高。 东风牌轿车是四门六座的中级轿车，装有直列四缸、顶置式高速发动机，四挡机械变速器，最高行驶速度为 128km/h。东风牌轿车的试制成功，开创了我国轿车工业的新纪元。

图 1.8 第一辆东风牌轿车

1958年8月，第一辆红旗牌轿车（图1.9）诞生，其最高行驶速度为185km/h。红旗牌轿车的问世，结束了我国不能自主研发高级轿车的历史。自此，红旗牌轿车与我国民族汽车工业的发展始终相随，成为最具标志性意义的国产汽车品牌。特别是近几年，红旗牌汽车得到了广大用户的认可，年销量突破30万辆。

红旗汽车的设计发展

图1.9 第一辆红旗牌轿车

1.2.2 我国第一辆无人驾驶汽车

20世纪80年代，国防科技大学率先研究无人驾驶汽车。1989年，国防科技大学研制成功第一辆智能小车。1992年，我国第一辆真正意义上的无人驾驶汽车诞生。2011年7月14日，我国自主研制的第一辆无人驾驶汽车（图1.10）在从长沙到武汉的高速上完成约286km的全程无人驾驶试验，打破了在复杂交通状况下的自主驾驶纪录。根据当天试验数据统计，受复杂路况和交通状况的影响，在整个驾驶过程中人工干预10次，里程为2.24km。总的来说，人工干预里程占比小于1%，达到了预期目标。

图1.10 我国自主研制的第一辆无人驾驶汽车

1.2.3 我国汽车工业的发展历程

我国汽车工业主要经历了起步阶段、成长阶段、开放合作阶段和快速发展阶段。

1. 起步阶段

1950—1965 年为我国汽车工业的起步阶段,我国建设了五家汽车制造厂,分别为长春第一汽车制造厂、上海汽车制造厂、北京汽车制造厂、南京汽车制造厂和济南汽车制造总厂。

2. 成长阶段

1966—1980 年为我国汽车工业的成长阶段。1967 年 4 月 1 日,第二汽车制造厂(东风汽车集团有限公司前身)在湖北省十堰市破土动工,成为我国第一家完全自主设计、建设的大型综合汽车制造厂。第二汽车制造厂在实际操作中大量采用新技术、新设备、新材料、新工艺。同时,我国形成了"以卡车为主"的汽车产业布局。1980 年,我国汽车产量为 22.2 万辆,全国民用汽车保有量为 169 万辆,其中载货汽车 148 万辆。图 1.11 所示为东风 5t 载货汽车。

图 1.11　东风 5t 载货汽车

3. 开放合作阶段

1981—1999 年为我国汽车工业的开放合作阶段。我国从计划经济体制向市场经济体制转型,汽车工业顺应国家改革开放大趋势,调整商用车产品结构,改变"缺重少轻"的生产格局,通过开放合作,轿车工业起步,汽车产业形成较完整的工业体系。

1983 年,我国汽车工业的第一家合资企业——北京吉普汽车有限公司正式成立,生产系列吉普车,如图 1.12 所示。这是改革开放之初,我国规模较大、影响较大的一家合资企业。

图 1.12　北京吉普汽车

1985年3月，上海大众汽车有限公司成立，生产上海桑塔纳轿车，如图1.13所示。这是我国改革开放后第一家轿车合资企业，中德双方投资比重各占50%，合同期限为25年；2002年4月12日，投资双方将合资合同延长至2030年。上海大众汽车有限公司的诞生，结束了我国汽车工业在低水平徘徊的历史，开辟了利用外资、引进技术、加快发展的道路。

图1.13　上海桑塔纳轿车

4. 快速发展阶段

2000年至今为我国汽车工业的快速发展阶段。期间，我国汽车工业尤其是轿车工业技术进步巨大，新车型层出不穷；科技创新步伐加快，整车技术特别是环保指标大幅度提高，与国外汽车巨头的生产和营销合作步伐明显加快，引进国外企业的资金、技术和管理的力度不断增大，自主创新取得了积极成果；企业组织结构调整稳步前进，形成了完整的汽车产业体系。

特别是进入21世纪，我国汽车产业高速发展，形成了多品种、全系列的各类整车和零部件的产业链体系，产业集中度不断提高，制造水平不断攀升，成为世界汽车生产和销售大国。2009年是我国汽车工业的新拐点，我国汽车产销量位居世界第一，我国汽车工业也地完成了从小到大、由大渐强的转变。事实上，2010年至今，我国汽车工业正面临着一场前所未有的技术革命。新能源汽车、自动驾驶、智能网联、共享出行等新生名词颠覆了消费者对汽车行业的原有认知。我国汽车工业加快调整和转型的步伐，增强自主创新能力，推动产业升级，实施新能源战略和自主品牌战略，推动我国汽车产业制造升级，迎接全新的挑战。

《新能源汽车产业发展规划（2021—2035年）》明确提出，坚持电动化、智能化、网联化发展方向，以融合创新为重点，突破关键核心技术，优化产业发展环境，推动我国新能源汽车产业高质量可持续发展，加快建设汽车强国。

1.2.4　我国主要汽车企业

我国汽车企业主要分为两类，一类是传统汽车企业，另一类是造车新势力。传统汽车企业主要有中国第一汽车集团有限公司、东风汽车股份有限公司、上海汽车集团股份有限公司、北京汽车集团有限公司、广州汽车工业集团有限公司、中国长安汽车集团有限公司、浙江吉利控股集团有限公司、比亚迪股份有限公司和长城汽车股份有限公司等；造车新势力主要有小鹏汽车、蔚来汽车和理想汽车等。

1. 中国第一汽车集团有限公司

中国第一汽车集团有限公司简称"一汽集团"。1953年7月15日，第一汽车制造厂在长春破土动工，经过70年的发展，一汽集团成为国内知名汽车公司，形成了东北、华北、华南和西南四大基地，分别分布在哈尔滨、长春、吉林、大连、北京、天津、青岛、无锡、成都、柳州、曲靖、佛山和海口等城市。一汽集团的业务覆盖汽车研发、乘用车、商用车、零部件和衍生经济等。

一汽集团的自主品牌有红旗和一汽等，合资品牌有大众、奥迪、丰田和马自达等。

2. 东风汽车集团有限公司

东风汽车集团有限公司简称"东风汽车"，其前身是第二汽车制造厂，成立于1969年，总部位于武汉。经过50余年的发展，其陆续建成十堰（以中、重型商用车，汽车零部件，汽车装备事业为主）、襄阳（以轻型商用车、乘用车为主）、武汉（以乘用车为主）、广州（以乘用车为主）四大基地，在上海、柳州、盐城、南充和郑州等地设有分支企业。公司业务涵盖全系列商用车、乘用车、校车、汽车零部件和汽车装备等。

东风汽车的自主品牌有风神和裕隆等，合资品牌有本田、日产、雪铁龙、标致和起亚等。

3. 上海汽车集团股份有限公司

上海汽车集团股份有限公司简称"上汽集团"，成立于2004年，总部位于上海。公司主要业务涵盖整车（包括乘用车、商用车）、汽车零部件（包括发动机、变速器、动力传动系统、底盘、内外饰、电子电器等）的研发、生产、销售，以及汽车服务贸易业务和汽车金融业务等。

上汽集团的自主品牌有荣威、五菱和宝骏等，合资品牌有大众、别克、雪佛兰和斯柯达等。

4. 北京汽车集团有限公司

北京汽车集团有限公司简称"北汽集团"，始建于1958年，2010年成立北京汽车集团有限公司，总部位于北京。北汽集团先后自主研制生产了我国第一代轻型越野车BJ212和第一代轻型载货车BJ130，建立了我国汽车工业第一家整车制造合资企业——北京吉普汽车有限公司和我国加入WTO后的第一家整车制造合资企业——北京现代汽车有限公司，收购了瑞典萨博汽车相关知识产权等，创造了我国汽车工业的多个第一。经过60余年的发展，公司业务涵盖整车研发与制造、通用航空产业、汽车零部件制造、汽车服务贸易和投/融资等。

北汽集团的自主品牌有北京和福田等，合资品牌有现代、奔驰、铃木和吉普等。

5. 广州汽车集团股份有限公司

广州汽车集团股份有限公司简称"广汽集团"，成立于2005年，总部位于广州，主要业务有面向国内外市场的汽车整车及零部件设计与制造、汽车销售与物流、汽车金融、保险及相关服务，具有独立、完整的生产、供应、销售及研发体系。

广汽集团的自主品牌有广汽、吉奥和中兴等,合资品牌有本田、丰田、三菱和菲亚特等。

6. 中国长安汽车集团有限公司

中国长安汽车集团有限公司简称"长安汽车",原名为"中国南方工业汽车股份有限公司",成立于2005年12月,2009年7月1日更名为现在的名称,是中国兵器装备集团有限公司对旗下汽车产业整合优化后成立的一家特大型企业集团,是中国六大汽车集团之一,总部位于北京。长安汽车拥有重庆、北京、江苏、河北、浙江、江西、安徽和广东等国内生产基地;形成轿车、微车、客车、卡车、SUV和MPV等低档、中档、高档,宽系列、多品种的产品谱系。

长安汽车的自主品牌有长安、昌河和陆风等,合资品牌有福特、马自达、铃木和雪铁龙等。

7. 浙江吉利控股集团有限公司

浙江吉利控股集团有限公司简称"吉利汽车",始建于1986年,1997年进入汽车领域,总部位于杭州,在台州、宁波、兰州、湘潭、济南和成都等地建有汽车整车和动力总成制造基地,在澳大利亚拥有DSI自动变速器研发中心和生产厂,具有较强的整车、发动机、变速器和汽车电子电器的研发能力。

吉利汽车的旗下品牌有吉利、帝豪、沃尔沃、英伦和全球鹰等。

8. 比亚迪股份有限公司

比亚迪股份有限公司简称"比亚迪汽车",成立于1995年,2003年进入汽车领域,总部位于深圳,在深圳、西安、北京、上海和长沙等地设有生产基地,主要产品包括轿车、SUV、MPV和新能源汽车等。比亚迪汽车坚持自主品牌、自主研发、自主发展的发展模式,以"打造民族的世界级汽车品牌"为产业目标,立志振兴民族汽车产业,目前主要以新能源汽车为主。

比亚迪汽车的自主品牌是比亚迪。

9. 长城汽车股份有限公司

长城汽车股份有限公司简称"长城汽车",成立于1984年,总部位于保定,是我国最大的SUV和皮卡制造企业,产品涵盖SUV、轿车、皮卡三大品类,拥有四个整车生产基地,具备发动机和变速器等核心零部件的自主配套能力。

长城汽车的自主品牌有哈弗和长城。

10. 小鹏汽车

广州小鹏汽车科技有限公司简称"小鹏汽车",成立于2014年,是我国领先的智能电动汽车公司。其战略格局为"立足全球、服务本土"。公司研发总部位于广州,并在北京、上海、肇庆和郑州以及美国硅谷和圣地亚哥等地建立设计、研发、生产制造与营销机构,通过全球化布局组建了一支规模化、多元化、重自主研发的跨界团队。小鹏汽车的核心团队来自梅赛德斯-奔驰、广汽集团、阿里巴巴、腾讯、摩根大通、华为和小米等不同行业的标杆企业。

小鹏汽车认为,新能源汽车不等于下一个汽车时代,智能汽车(AI+互联网+汽车)

才是下一个汽车时代的全新赛道。数字化＋电动化组成的双擎驱动的互联网基因智能电动汽车是小鹏汽车产品的最大特色。

11. 蔚来汽车

蔚来汽车创立于 2014 年，由顶尖互联网企业和企业家联合创建，是全球化的智能电动汽车公司，致力于通过高性能的智能电动汽车与极致用户体验，为用户创造愉悦的生活方式。蔚来汽车总部位于合肥，在上海、北京、合肥、南京、德国慕尼黑、挪威奥斯陆、美国圣何塞和英国伦敦等地设立研发、设计及商务机构。

蔚来汽车不仅是一家汽车公司，还是以极致的电动智能汽车产品为基础，重新定义服务用户的所有过程，为用户提供超越期待的全程愉悦体验的公司。蔚来汽车专注于成为一家以服务用户为使命的公司、一家在移动社交时代为所有用户共同拥有的公司。

12. 理想汽车

理想汽车是我国豪华智能新能源汽车品牌，隶属于理想汽车公司，成立于 2015 年，于 2018 年正式对外公布，总部位于北京，自有生产基地位于常州。理想汽车致力于通过产品创新及技术研发，为用户提供安全、便捷的产品及服务。

理想汽车是我国成功实现增程式电动汽车商业化的先锋，其首款商业化的增程式电动汽车——理想 ONE 是一款六座中大型豪华电动 SUV（运动型多用途汽车），其配备了增程系统及先进的智能汽车解决方案。

1.2.5 我国汽车产销量

我国每年都对外公布汽车产销量，通过这些数据可以了解我国汽车工业现状。

1. 我国汽车产量

据国家统计局国家数据网，2022 年我国汽车产量为 2747.6 万辆，同比增长 3.4%。其中，基本型乘用车（轿车）产量为 1046.8 万辆，同比增长 6.7%；运动型多用途乘用车产量为 1062.5 万辆，同比增长 8%；载货汽车产量为 270.8 万辆，同比减少 33.1%。

2022 年新能源汽车产量为 705.8 万辆，同比增长 96.9%，其中新能源乘用车产量为 671.6 万辆，同比增长 97.77%；新能源商用车产量为 34.2 万辆，同比增长 81.84%。

2022 年汽车产量排在前十位的地区依次为广东省（415.37 万辆）、上海市（302.45 万辆）、吉林省（215.58 万辆）、重庆市（209.18 万辆）、湖北省（189.59 万辆）、广西壮族自治区（177 万辆）、安徽省（174.69 万辆）、陕西省（133.79 万辆）、浙江省（124.85 万辆）和山东省（119.62 万辆）。

2. 我国汽车销量

据中国汽车工业协会数据，2022 年我国汽车销量为 2686.4 万辆，同比增长 2.1%。2022 年我国新能源汽车持续爆发式增长，销量为 688.7 万辆，同比增长 93.4%，市场占有率为 25.6%。其中，纯电动汽车销量为 536.5 万辆，同比增长 81.6%；插电式混合动力电动汽车销量为 151.8 万辆，同比增长 1.5 倍。

2022 年汽车销量前十名的企业（集团）依次为上汽集团（530.3 万辆）、一汽集团（320 万辆）、东风汽车（246.45 万辆）、广汽集团（243.38 万辆）、长安汽车（234.62）、比亚迪汽车（186.85 万辆）、北汽集团（145 万辆）、吉利汽车（143.29 万辆）、奇瑞汽车（123.27 万辆）、长城汽车（106.75 万辆）。

2022 年我国汽车细分品牌终端零售年度销量前十名的细分品牌依次为比亚迪汽车（160.32 万辆）、上汽大众（119.2 万辆）、广汽丰田（100.68 万辆）、一汽大众（100.21 万辆）、长安汽车（92.59 万辆）、上汽通用五菱（81.93 万辆）、一汽丰田（80.74 万辆）、吉利汽车（79.78 万辆）、东风日产（79.37 万辆）、广汽本田（72.31 万辆），前十名品牌总计汽车销量为 967.1 万辆，占总销量的 47%。

1.3 初识智能车辆工程专业

智能车辆工程专业是随着我国汽车电动化、智能化和网联化的快速发展对人才需求改变而设立的新专业，主要服务于智能网联汽车产业，属于新工科专业。**可以用"电动驾驭未来，智能解放空间，互联架构理想，共享创造生活，让汽车成为世界上最大的移动终端"描述智能车辆工程专业。**

1. 智能车辆工程专业的培养目标

全球汽车技术正在经历三大变革：动力电气化、驾驶智能化、交通网联化。智能车辆工程与新能源、人工智能、信息通信、大数据和互联网等新技术和新产业跨界相连，构建起新的汽车技术和产业生态，不仅将带来汽车产品和汽车行业的深刻变革，还将引起人类出行方式和城市交通体系的巨大变化，甚至将对全球汽车产业转型升级和世界经济格局产生极其深远的影响。

智能车辆工程专业主要培养研究汽车先进智能技术（含环境感知技术、智能决策技术、控制执行技术、系统设计技术）、信息交互技术（专用通信与网络技术、大数据云控基础平台技术、车路协同技术）、基础支撑技术（人工智能技术、安全技术、高精度地图与定位技术、测试评价技术、标准法规）等的人才。智能车辆工程专业培养的人才可以在智能网联汽车产业内从事汽车及其零部件设计、技术研发、工程应用和项目管理等工作。

高等学校可以根据自身实际情况，制订具有本校特色的智能车辆工程专业培养目标。

2. 智能车辆工程专业的培养要求

工程教育专业认证是国际通行的工程教育质量保障制度，也是实现工程教育国际互认和工程师资格国际互认的重要基础。工程教育专业认证的核心是确认工科专业学生达到行业认可的既定质量标准要求，是一种以培养目标和毕业出口要求为导向的合格性评价。工程教育专业认证要求专业课程体系设置、师资队伍配备和办学条件配置等都围绕"学生毕业能力达成"这一核心任务展开，并强调建立专业持续改进机制和文化以保证专业教育质量和专业教育活力。工程教育专业认证要求专业有明确、公开、可衡量的毕业要求，毕业要求能支撑培养目标的达成，且完全覆盖以下内容。

（1）工程知识。学生能够运用数学、自然科学、工程基础和专业知识解决复杂工程问题。

（2）问题分析。学生能够运用数学、自然科学和工程科学的基本原理，识别、表达并通过文献研究分析复杂工程问题,以获得有效结论。

(3) 设计/开发解决方案。学生能够设计针对复杂工程问题的解决方案,以及满足特定需求的系统、单元(部件)或工艺流程,并能够在设计环节中体现创新意识,考虑社会、健康、安全、法律、文化和环境等因素。

(4) 研究。学生能够基于科学原理并采用科学方法对复杂工程问题进行研究,包括设计实验、分析与解释数据,并通过信息综合得到合理、有效的结论。

(5) 使用现代工具。学生能够针对复杂工程问题,开发、选择与使用恰当的技术、资源、现代工程工具和信息技术工具,包括对复杂工程问题的预测与模拟,并能够理解其局限性。

(6) 工程与社会。学生能够基于工程相关背景知识进行合理分析,评价专业工程实践和复杂工程问题解决方案对社会、健康、安全、法律及文化的影响,并理解应承担的责任。

(7) 环境和可持续发展。学生能够理解和评价针对复杂工程问题的工程实践对环境、社会可持续发展的影响。

(8) 职业规范。学生具有人文社会科学素养、社会责任感,能够在工程实践中理解并遵守工程职业道德和规范,履行责任。

(9) 个人和团队。学生能够在多学科背景下的团队中作为团队成员或负责人等。

(10) 沟通。学生能够就复杂工程问题与业界同行及社会公众有效沟通和交流,包括撰写报告和设计文稿、陈述发言、清晰表达或回应指令;具备一定的国际视野,能够在跨文化背景下沟通和交流。

(11) 项目管理。学生能够掌握工程管理原理与经济决策方法,并在多学科环境中应用。

(12) 终身学习。学生具有自主学习和终身学习的意识,以及不断学习和适应发展的能力。

智能车辆工程专业学生在进行系统性的课程学习和实践环节训练的基础上,积极通过课外科技活动和社会实践获得应有的知识、能力、素质与技能。

(1) **知识要求**。对智能车辆工程专业的学生有以下知识要求。

①工具性知识。学生通过学习外语课程,阅读本专业外文书籍和文献资料,并进行国际学术交流。

②人文社会科学知识。学生通过学习思想道德修养与法律基础、中国近现代史纲要、马克思主义基础原理、毛泽东思想和中国特色社会主义理论体系概论等课程,树立正确的世界观和价值观,热爱祖国,遵纪守法,具有良好的道德品质和较强的社会责任感。

③自然科学基础知识。学生通过学习数学、物理和力学等课程,掌握智能车辆工程专业所需的自然科学基础知识,能够对工程问题进行数学建模和力学分析。

④专业基础及专业知识。专业基础课主要包括理论力学、机械原理、机械设计、最优化方法、C语言程序设计、电路与电子学、信号处理基础、计算机组成原理、嵌入式系统原理和自动控制原理等;专业课主要包括汽车构造、汽车理论、汽车设计、汽车电子技术、智能网联汽车技术、智能网联汽车环境感知技术、智能网联汽车规划与决策技术、智能网联汽车控制执行技术、智能网联汽车导航定位技术、智能网联汽车先进驾驶辅助系统技术和智能网联汽车仿真技术等。学生通过学习专业基础课和专业课,掌握智能网联汽车工程领域技术基础理论和专业知识,能够对智能网联汽车产品进行理论分析和设计。

（2）**能力要求**。对智能车辆工程专业的学生有以下能力要求。

①研究能力。学生熟练掌握利用互联网收集信息和文献资料的方法，并具备较强的综合分析文献资料的能力；能够综合运用所学知识，掌握智能网联汽车工程领域相关的先进技术、方法与工具，应用相关设计与分析软件，通过定性分析和定量分析，解决智能网联汽车领域的工程实际技术问题。

②创新能力。学生通过专业实践、科研实践、社会实践和科技创新等途径，培养开拓创新思维，具备创新能力，能够解决实际问题。

③工程实践能力。学生应具有发现问题并提出解决工程实际问题方法的能力，具有设计与开发、分析与仿真、试验与测试智能网联汽车某个系统或系统中的零部件的能力。

④组织协调能力。学生应具有良好的沟通能力和团队组织协调能力，利用好各方面的资源。

（3）**素质要求**。对智能车辆工程专业的学生有以下素质要求。

①思想道德素质。很多用人单位选人重才更重德，把思想道德素质放在首位，要求学生政治思想素质较高，具有事业心、责任感和奉献精神。思想道德素质包括政治素质、事业心和责任感、艰苦奋斗精神和务实作风等。

②文化素质。文化素质是人的素质中最重要的组成部分，是以各种文化为载体，以如何做人为核心与根本的素质。文化素质应该通过潜移默化、知识传授、社会学习、社会实践和环境熏陶等手段和形式把人类最优秀的思想文化成果内化为社会成员的人格、气质和修养等相对稳定的品质。

③专业素质。学生应具备良好的职业道德、严谨的治学态度，以及质量、安全、服务和环保意识，运用科学发展观来综合分析、处理智能网联汽车工程领域的生产实践和产品开发问题，具有终身学习的专业素质和勇于创新的工作意识。

④身心素质。身心素质包括心理素质和身体素质。心理素质包括具备较强的人际交往能力，能够控制自我并了解及理解他人需求和意愿；具备较强的适应能力，自信、灵活地处理新的、不断变化的人际环境和工作环境；具有团队合作精神，并具有一定的协调、管理、竞争与合作能力。身体素质是指了解体育运动的基本知识，掌握科学锻炼和养护身体的运动技能和方法。

（4）**技能要求**。对智能车辆工程专业的学生有以下技能要求。

①编程技能。学生应熟练掌握编程语言，能够使用编程语言实现智能网联汽车的各种功能。

②仿真技能。学生应熟悉智能网联汽车仿真软件，能够对开发的智能网联汽车的各种功能进行仿真。

③测试技能。学生应熟悉智能网联汽车的测试步骤，能够对开发的智能网联汽车的各种功能进行测试。

高等学校可以根据自身实际情况调整和细化培养要求。某高校智能车辆工程专业的培养方案见附件一。

3. 智能车辆工程专业的课程体系

智能车辆工程专业的课程体系主要由公共课、专业基础课、专业课和实践教学环节组成。

（1）**公共课**。公共课由思想政治类课程、人文素质类课程、语言类课程、自然科学类课程组成，其中思想政治类课程主要是指思想道德修养与法律基础、中国近现代史纲要、马克思主义基本原理、毛泽东思想和中国特色社会主义理论体系概论等；人文素质类课程主要是指开设的一些选修课或讲座类，如心理学、形势与政策等；语言类课程主要是指大学外语；自然科学类课程主要是指工科高等数学、微积分、代数与几何、概率论与数理统计、大学物理等。

（2）**专业基础课**。专业基础课由力学类课程、机械类课程、计算机类课程和电子信息类课程等组成，其中力学类课程主要是指理论力学和材料力学等；机械类课程主要是指工程图学、机械原理和机械设计等；计算机类课程主要是指大学计算机、C语言程序设计、数据结构与算法设计、单片机原理及实践、软件设计及开发实践、数据挖掘、计算机组成原理和嵌入式系统原理等；电子信息类课程主要是指电路和电子学、信号处理基础和自动控制原理等。

（3）**专业课**。专业课由燃油汽车类课程、新能源汽车类课程和智能网联汽车类课程组成，分为专业骨干课和专业选修课。其中专业骨干课主要包括智能车辆工程专业导论、汽车构造、汽车理论、汽车设计、汽车电子技术、智能网联汽车仿真技术、智能网联汽车技术、智能网联汽车控制技术、智能网联汽车环境感知技术、智能网联汽车决策与规划技术、智能网联汽车导航定位技术和智能网联汽车先进驾驶辅助系统等；专业选修课由学校自己确定，如新能源汽车概论、智能网联汽车概论、车载网联技术、电动汽车用电动机及驱动技术、电动汽车结构与原理、汽车无人驾驶技术、电动汽车动力电池系统设计与制造、电动汽车动力电池管理系统设计等。

（4）**实践教学环节**。实践教学环节由课程实验、课程设计、实习实训和毕业设计（论文）等组成，其中课程实验包括专业基础课实验和专业课实验；课程设计主要是指智能车原型制作与开发、智能车辆平台设计开发等；实习实训主要是指金工实习、认识实习和生产实习等；毕业设计（论文）是学生大学阶段的综合训练教学环节，是培养学生工程实践能力、理论研究能力和创新意识的重要环节，是学生毕业及学位资格认定的重要依据。

4．智能车辆工程专业的就业方向

智能车辆工程专业毕业的学生就业方向有很多，可以到汽车企业、科研院所从事智能网联汽车工程领域的产品开发和试验测试等工作，具体岗位方向见第4章。

5．智能车辆工程专业与车辆工程专业的联系和区别

了解智能车辆工程专业与车辆工程专业的联系和区别之前，要了解专业的定义。专业一般是指高等学校根据社会分工需要划分的学业门类，是社会分工、学科知识和教育结构三位一体的组织形态。其中，社会分工是专业存在的基础，学科知识是专业的内核，教育结构是专业的表现形式，三者缺一不可，共同构成高校人才培养的基本单位。

随着汽车朝着电动化、智能化、网联化、共享化（简称新四化）方向快速发展，支撑汽车产业发展的人才要求也发生了较大变化，由于传统的车辆工程专业培养的人才无法满足汽车新四化发展的需要，因此设立了智能车辆工程专业，以满足汽车新四化快速发展对人才的需求。

智能车辆工程专业与车辆工程专业培养的人才都服务于汽车工业，两个专业既有联系又有区别。

智能车辆工程专业与车辆工程专业具有以下联系。

(1) **学生服务的产业有联系**。智能车辆工程专业与车辆工程专业培养的人才都服务于汽车产业链上的相关企业。

(2) **学生学习的对象有联系**。智能网联汽车和无人驾驶汽车都是以传统汽车为基础发展起来的。

(3) **学生学习的课程体系有联系**。汽车构造、汽车理论、汽车设计是智能车辆工程专业与车辆工程专业的核心专业课。

智能车辆工程专业与车辆工程专业具有以下区别。

(1) **学生学习的对象不同**。智能车辆工程专业的学生主要以智能网联汽车和无人驾驶汽车为学习对象；车辆工程专业的学生主要以传统汽车为学习对象。

(2) **学生掌握的技能不同**。智能车辆工程专业的学生要求熟练使用编程语言，如C/C++、Python；车辆工程专业的学生要求熟练使用三维设计软件，如CATIA。

(3) **学生学习的角度不同**。智能车辆工程专业的学生主要从"软件定义汽车"的角度学习知识和技能；车辆工程专业的学生主要从机械结构的角度学习知识和技能。"软件定义汽车"是指软件深度参与整个汽车的定义、开发和验证过程，并不断优化客户体验，持续创造价值。

(4) **学生学习的特点不同**。智能车辆工程专业学生学习的大多专业知识在汽车上看不见摸不着，如编程语言和各种模型等；车辆工程专业学生学习的大多专业知识在汽车上看得见摸得着，如变速器结构和汽车性能等。

(5) **学生学习的课程体系不同**。智能车辆工程专业的课程体系是围绕智能网联汽车和无人驾驶汽车的设计设置的，侧重于软件设计；车辆工程专业的课程体系是围绕传统汽车的设计设置的，侧重于结构设计。

思考题

1. 世界汽车生产地主要分布在哪些国家？
2. 我国汽车工业的发展历程是怎样的？
3. 设立智能车辆工程专业的意义是什么？
4. 智能车辆工程专业与车辆工程专业有什么区别？
5. 分析我国汽车产业的现状与人才的需求。

第 2 章
智能车辆工程的专业基础知识

教学目标

通过本章的学习，学生可以了解燃油汽车、新能源汽车和智能网联汽车的基础知识，为学好智能车辆工程专业知识奠定基础。

教学要求

教学内容	能力要求	参考学时
燃油汽车的基础知识	了解汽车的定义与分类、汽车的总体结构、发动机的组成、汽车底盘的组成、车身的类型、汽车电器的组成、汽车的驱动形式	6～8
新能源汽车的基础知识	了解新能源汽车的定义与分类、纯电动汽车、混合动力电动汽车、燃料电池电动汽车、新能源汽车的关键技术、新能源汽车的发展趋势	
智能网联汽车的基础知识	了解智能网联汽车的定义与分级、智能网联汽车的层次结构、智能网联汽车环境感知、智能网联汽车导航定位、智能网联汽车路径规划、智能网联汽车控制执行、先进驾驶辅助系统、智能网联汽车的关键技术、智能网联汽车的发展趋势	
节能与新能源汽车技术路线	了解汽车的发展愿景、总体目标、主要里程碑、"1+9"技术路线图、重点领域技术路线图	

智能车辆工程的专业基础知识 第2章

> **导入案例**
>
> 智能车辆工程专业的研究对象是智能车辆的设计与制造,涉及的基础知识包括燃油汽车的基础知识、新能源汽车的基础知识和智能网联汽车的基础知识。汽车是由上万个零件组成的、结构复杂的机动交通工具。图2.1所示为汽车透明结构。
>
>
>
> 图 2.1　汽车透明结构
>
> 在未来一段时间,燃油汽车、新能源汽车和智能网联汽车将在市场上共存。智能车辆工程专业的学生需要了解燃油汽车、新能源汽车和智能网联汽车的基本结构与工作原理。

2.1　燃油汽车的基础知识

燃油汽车以燃油为动力来源。目前市场上以燃油汽车为主,但随着"碳达峰、碳中和"政策的逐步实施,新能源汽车将逐渐取代燃油汽车。无论是新能源汽车还是智能网联汽车,都是以燃油汽车为基础发展起来的,它们的基本属性没有改变。

2.1.1　汽车的定义与分类

1. 汽车的定义

汽车是轮式车辆的一种,它是由动力驱动、具有4个或4个以上车轮、不依靠轨道或架线而在陆地上行驶的车辆。 汽车动力可以来源于汽油机或者柴油机,也可以来源于驱动电动机,还可以来源于其他燃料(如天然气和液化石油气等)。

汽车具有以下用途:①载运人员或货物;②牵引载运货物或有特殊用途;③进行专项作业。

2. 汽车的分类

汽车可以按国家标准、燃料和轴距分类。

(1) **汽车按国家标准分类**。GB/T 3730.1—2022《汽车、挂车及汽车列车的术语和定

23

义 第 1 部分：类型》将汽车分为乘用车和商用车。乘用车是指在设计和技术特性上主要用于载运乘客及其随身行李等的汽车，座位（包括驾驶人座位）不超过 9 个；商用车是指在设计和技术特性上用于运送人员及其随身行李和货物的汽车，并且可以牵引挂车。

（2）汽车按燃料分类。汽车按燃料可以分为汽油汽车、柴油汽车、天然气汽车、液化石油气汽车、甲醇燃料汽车、乙醇燃料汽车、二甲醚燃料汽车、氢能汽车和太阳能汽车等。汽油汽车是指以汽油为燃料的汽车，是目前保有量最大的汽车，国内轿车以汽油汽车为主；柴油汽车是指以柴油为燃料的汽车，国内多数商用车是柴油汽车；天然气汽车是指以天然气为燃料的汽车，与普通燃油汽车相比，在结构上主要增加了燃气供给系统；液化石油气汽车是指以液化石油气为燃料的汽车，液化石油气汽车与天然气汽车结构相似，只是增加了液化石油气供给系统；甲醇燃料汽车是指以甲醇燃料为能源的汽车；乙醇燃料汽车是指以乙醇燃料为能源的汽车；二甲醚汽车是指以二甲醚为能源的汽车；氢能汽车是指以氢为主要能量的汽车，可以分为氢燃料汽车和氢燃料电池汽车；太阳能汽车是利用太阳能电池将太阳能转换为电能，并以该电能为能源的汽车，它是电动汽车的一种。

（3）汽车按轴距分类。轿车一般按轴距分类。轿车按轴距可以分为微型车、小型车、紧凑型车、中型车、中大型车和豪华车等。微型车是指轴距小于 2400mm 的汽车，如奇瑞 QQ、长安奔奔和吉利熊猫等，这些汽车的轴距都约为 2340mm；小型车是指轴距为 2400～2550mm 的汽车，如本田飞度、丰田威驰和福特嘉年华等；紧凑型车是指轴距为 2550～2700mm 的汽车，如大众速腾、丰田卡罗拉、福特福克斯和本田思域等；中型车是指轴距为 2700～2850mm 的汽车，如本田雅阁、丰田凯美瑞、大众迈腾和马自达 6 等；中大型车是指轴距为 2850～3000mm 的汽车，如奥迪 A6、奔驰 E 级和沃尔沃 S80 等，但个别汽车的轴距大于 3000mm，例如宝马 5 系的轴距为 3105mm；豪华车是指轴距大于 3000mm 的汽车，如奔驰 S 级、宝马 7 系和奥迪 A8 等。新能源汽车和智能网联汽车也可以按轴距分类。

本节提到的汽车为燃油汽车。

2.1.2　汽车的总体结构

汽车的总体结构如图 2.2 所示，主要包括发动机、底盘、车身和电气设备。智能车辆工程专业的学生需要重点学习底盘知识。

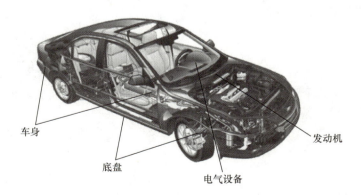

图 2.2　汽车的总体结构

1. 发动机

发动机是为汽车提供动力的装置，它是汽车的心脏，决定了汽车的动力性、经济性、稳定性和环保性等。汽车发动机可分为汽油发动机和柴油发动机。汽油发动机是以汽油为燃料，将化学能转换为动能的发动机；柴油发动机是燃烧柴油来获取能量释放的发动机。

柴油发动机与汽油发动机有以下不同。

（1）点火方式不同。柴油发动机是喷入式发动机，汽油发动机是点燃式发动机。

（2）使用寿命不同。柴油发动机的使用寿命比汽油发动机长，因为柴油发动机较低转速就能达到高功率，而汽油发动机只有达到相对高出50%的转速才能产生与柴油发动机相等的功率，即内部机械摩擦多出约1.5倍的磨损量。

（3）吸气行程不同。柴油发动机吸入的是纯粹的空气；汽油发动机吸入的是空气与汽油的混合气。

（4）压缩比不同。一般柴油发动机的压缩比比汽油发动机的大。

（5）工作原理不同。一般柴油发动机通过喷油泵和喷油嘴将柴油直接喷入发动机气缸，与气缸内经压缩后的空气均匀混合，在高温、高压下自燃，推动活塞做功，通常称为压燃式发动机；一般汽油发动机将汽油喷入进气管，与空气混合成可燃混合气后进入气缸，经火花塞点火燃烧膨胀做功，通常称为点燃式发动机。

2. 底盘

底盘的功用是接收发动机的动力，使汽车按照驾驶人的操纵意图行驶。底盘由传动系统、行驶系统、转向系统和制动系统组成。

3. 车身

车身是驾驶人工作的场所，也是装载乘客和货物的场所。车身应为驾驶人提供方便的操纵条件，并为乘客提供舒适、安全的环境或保证货物完好无损。客车和轿车车身是整体车身；普通货车车身由驾驶室和货厢组成。

4. 电气设备

电气设备由电源和用电设备组成，包括发电机、蓄电池、空调、照明灯和仪表等。

2.1.3　发动机的组成

发动机结构剖视图如图2.3所示。发动机主要由两大机构（曲柄连杆机构和配气机构）与五大系统（燃料供给系统、润滑系统、冷却系统、点火系统和起动系统）组成。

曲柄连杆机构的功用是将燃油燃烧时的热能转换为活塞往复运动的机械能，再转换为曲轴的转矩，从而输出动力；配气机构的功用是根据发动机的工作顺序和工作过程，定时开启及关闭进气门和排气门，使可燃混合气或空气进入气缸，并使废气从气缸排出，实现换气过程；燃料供给系统的功用是根据发动机的要求，配制出一定数量和浓度的混合气并进入气缸，将燃烧后的废气从气缸排出；润滑系统的功用是向做相对运动的零件表面输送定量的清洁润滑油，以实现液体摩擦，减小摩擦阻力，减少机件磨损，并清洗和冷却零件表面；冷却系统的功用是将受热零件吸收的部分热量及时散发出去，保证发动机在最适宜

发动机的工作原理

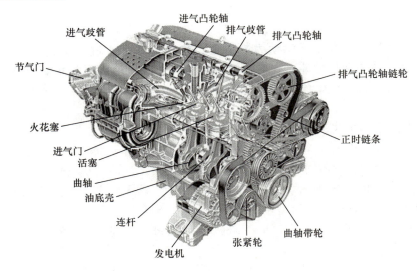

图 2.3　发动机结构剖视图

的温度下工作；点火系统的功用是根据发动机的工作状态，按照发动机的工作顺序，在合适的时刻供给火花塞足够能量的高压电，使其电极间产生火花，确保点燃混合气，使发动机做功；起动系统的功用是起动发动机。

2.1.4　汽车底盘的组成

汽车底盘由传动系统、行驶系统、转向系统和制动系统组成，如图 2.4 所示。

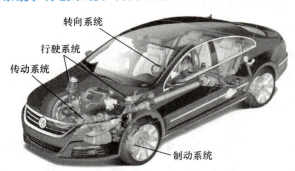

图 2.4　汽车底盘的组成

底盘的作用是支撑汽车发动机及其部件、总成，形成汽车的整体造型，并接收发动机的动力，驱动汽车行驶。

1. 传动系统

传动系统具有以下功用。

（1）减速增矩。发动机输出的动力具有转速高、转矩小的特点，无法满足汽车行驶的基本需求，利用传动系统的主减速器可以达到减速增矩的目的，即传给驱动轮的动力比发动机输出的动力转速低、转矩大。

（2）变速变矩。发动机的最佳工作范围很小，但汽车行驶的速度和需要克服的阻力可以在很大范围内变化,利用传动系统的变速器,可以在发动机工作范围变化不大的情况下,满足汽车行驶速度变化大和克服行驶阻力的需求。

(3) **实现倒车**。发动机不能反转,但汽车除前进外,还要倒车,可以在变速器中设置倒挡。

(4) **中断动力**。在起动发动机、换挡、行驶途中短时间停车(如等候交通信号灯)、汽车低速滑行等情况下,都需要中断传动系统的动力传递,可以利用变速器的空挡中断动力传递。

(5) **具有差速功能**。在汽车转向等情况下,需要两个驱动轮以不同转速转动,可以利用驱动桥中的差速器实现差速功能。

传动系统由离合器、变速器、传动轴、万向节、主减速器、差速器和半轴等组成,如图 2.5 所示。

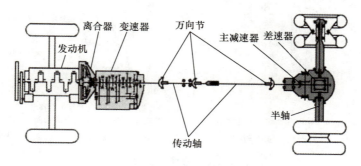

图 2.5 传动系统的组成

(1) **离合器**。离合器位于发动机与变速器之间的飞轮壳内,固定在飞轮的后平面上,并连接变速器的输入轴。离合器相当于一个动力开关,可以传递或切断发动机向变速器输入的动力。

离合器的主要作用是使汽车平稳起步,适时中断传递到传动系统的动力以配合换挡,还可以防止传动系统过载。

离合器主要由主动部分(飞轮齿圈、飞轮、离合器盖)、从动部分(摩擦片、摩擦盘、减振弹簧)、压紧机构(膜片弹簧、压紧弹簧、压盘)和操纵机构(离合器踏板)等组成,如图 2.6 所示。

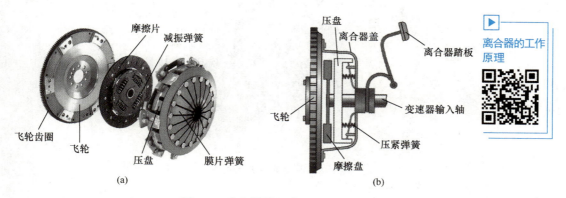

图 2.6 离合器的组成

离合器的工作原理如图 2.7 所示。离合器盖通过螺钉固定在飞轮的后端面上,离合器内的摩擦片在弹簧的作用下被压盘压紧在飞轮面上,而摩擦片与变速器输入轴相连。通过飞轮及压盘与从动盘接触面的摩擦作用,发动机输出的转矩被传递给变速器。在踩离合器踏板前,摩擦片紧压在飞轮端面上,发动机的动力可以传递到变速器。踩离合器踏板后,动力被传递到分离叉和分离轴承,分离轴承前移,使膜片弹簧向飞轮端压紧,膜片弹簧以支撑圈为支点向相反的方向移动,压盘离开摩擦片,此时发动机动力传输中断。松开离合器踏板后,膜片弹簧恢复原来的位置,离合器重新结合,发动机动力继续传递。

摩擦盘在压盘的作用下　　　在分离器的作用下,压盘向右移动,
与飞轮一起转动,传递动力　　　摩擦盘与飞轮分离,中断动力

(a) 踩离合器踏板前　　　(b) 踩离合器踏板后

图 2.7　离合器的工作原理

(2) **变速器**。变速器的作用有变速变矩、实现倒车和中断动力传输。

变速器按照操控方式分为手动变速器、自动变速器和无级变速器等。

手动变速器是指只有用手拨动变速器杆才能改变传动比的变速器。手动变速器主要由变速器壳体、传动组件(主动轴、从动轴、主动齿轮、从动齿轮、同步器)、操纵组件(换挡拉杆、换挡拨叉)等组成,如图 2.8 所示。

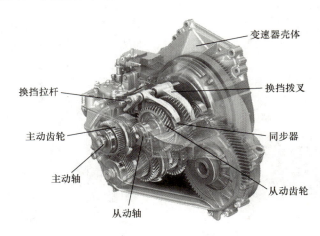

图 2.8　手动变速器的组成

自动变速器一般为液力变矩器式自动变速器，它主要由与发动机飞轮连接的液力变矩器和紧跟在液力变矩器后方的变速机构两大部分组成，如图 2.9 所示。

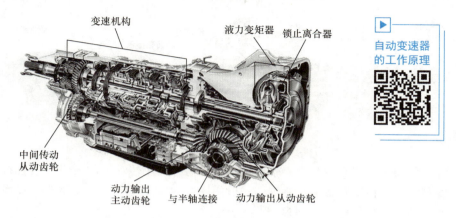

图 2.9　自动变速器的组成

无级变速器的主要部件有主动滑轮、从动滑轮和金属带，金属带套在两个滑轮上。滑轮由两个轮盘组成，这两个轮盘中间的凹槽呈 V 形，其中一边的轮盘由液压控制机构控制，可以视不同的发动机转速进行分开与拉近动作，V 形凹槽也随之变宽或变窄，金属带升高或降低可改变金属带与滑轮接触的直径，相当于在齿轮变速的过程中切换不同直径的齿轮。两个滑轮呈反向调节，即其中一个带轮凹槽逐渐变宽时，另一个带轮凹槽逐渐变窄，从而迅速增大传动比的变化。

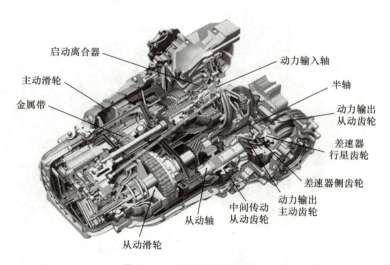

图 2.10　无级变速器的组成

（3）**传动轴**。传动轴安装在变速器与驱动桥之间，用于将变速器传递来的转矩与旋转运动传递给驱动桥的主减速器。在转向驱动桥和断开式驱动桥中，传动轴用来连接差速器和驱动轮。

传动轴主要由传动轴管、油封盖、油封、滑动花键轴、伸缩套、滑脂嘴、盖板、盖垫、盖子和万向节等组成，如图 2.11 所示。

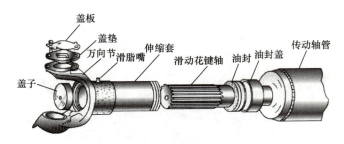

图 2.11　传动轴的组成

传动轴有实心轴和空心轴两种类型。为了减小传动轴的质量、节省材料、提高轴的强度和刚度，传动轴多为空心轴，一般用厚度为 1.5~3mm 的薄钢板卷焊而成，超重型货车的传动轴直接采用无缝钢管。

（4）**万向节**。万向节利用球装置实现不同方向的轴的动力输出，位于传动轴的末端，用来连接传动轴和驱动桥、半轴等机件。万向节的结构和作用有点像人的关节，允许被连接零件之间的夹角在一定范围内变化。

万向节按在扭转方向上是否有明显的弹性，可分为刚性万向节和挠性万向节。刚性万向节又可分为不等速万向节（如常用的十字轴式万向节）、准等速万向节（如双联式万向节）和等速万向节（如球笼式万向节）三种。轿车上常用球笼式万向节，其在汽车上的位置如图 2.12 所示。

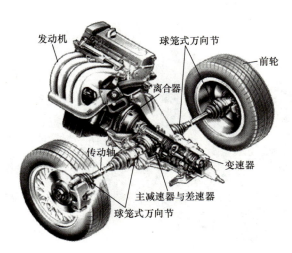

图 2.12　球笼式万向节在汽车上的位置

（5）**主减速器**。主减速器是在驱动桥内改变转矩和转速的机构。其基本功用是增大来自变速器或者万向传动装置的转矩，同时降低转速并改变转矩的传递方向。

主减速器由主减速器壳体、主减速器主动齿轮和主减速器从动齿轮等组成，如图 2.13 所示。

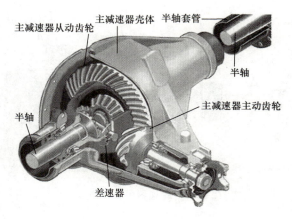

图 2.13　主减速器的组成

（6）**差速器**。差速器由侧齿轮（通过半轴与车轮连接）、行星齿轮（行星架与从动齿轮连接）、动力输入从动齿轮（环齿轮）、动力输入主动齿轮（与动力输入轴连接）等组成，如图 2.14 所示。

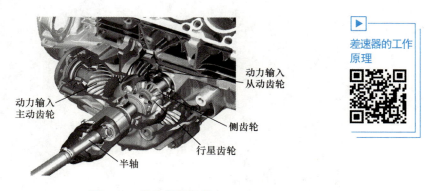

图 2.14　差速器的组成

传动轴传递过来的动力通过动力输入主动齿轮传递到动力输入从动齿轮上，动力输入从动齿轮带动行星齿轮旋转，同时带动侧齿轮旋转，从而推动驱动轮旋转，驱动汽车行驶。

当汽车直线行驶时，动力通过动力输入从动齿轮传递到行星齿轮，由于两侧车轮受到的阻力相等，因此行星齿轮不自转，动力通过半轴传递到两侧车轮，此时左、右车轮转速相等，如图 2.15（a）所示。

当汽车转弯时，左、右车轮受到的阻力不相等，此时行星齿轮绕着半轴公转并自转，两侧车轮受到的阻力不相等，使车轮以不同的速度旋转，保证汽车顺利转弯，如图 2.15（b）所示。

（7）**半轴**。半轴也称驱动半轴，它是连接差速器与驱动轮的轴，如图 2.16 所示。半轴是变速器、减速器与驱动轮之间传递转矩的轴，其内、外端各有一个万向节，分别通过万向节上的花键与减速器齿轮及轮毂轴承内圈连接。

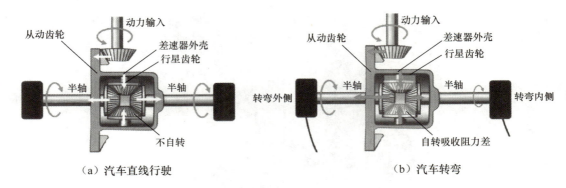

(a) 汽车直线行驶　　　　　　　　　　(b) 汽车转弯

图 2.15　差速器的工作原理

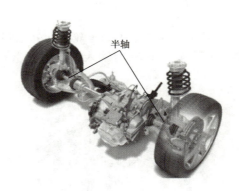

图 2.16　半轴

2. 行驶系统

汽车的行驶系统具有以下作用。
（1）接收传动系统传递的发动机转矩并产生驱动力,以驱动汽车行驶。
（2）承受汽车的总质量,传递并承受路面作用于车轮各个方向的反力及转矩。
（3）承受外界给予汽车的力和力矩的冲击与振动,并缓冲减振,保证汽车的行驶平顺性和操纵稳定性。
（4）与转向系统协调配合工作,控制汽车的行驶方向。
（5）与制动系统协调配合工作,保证汽车的安全性与稳定性。

行驶系统主要由车架、车桥、悬架、车轮与轮胎等组成。

（1）**车架**。车架的功用是支撑、连接汽车的各总成,使各总成保持相对正确的位置,并承受汽车内、外的各种载荷。

车架是跨接在汽车前、后车桥上的框架式结构,是汽车的基体,一般由两根纵梁和多根横梁组成,经悬架、前桥、后桥支承在车轮上。框架式车架主要用于商用车、专用乘用车和越野乘用车。越野乘用车车架如图 2.17 所示。车架必须具有足够的强度和刚度,以承受汽车的载荷和从车轮传递的冲击。

一般轿车不采用框架式车架,而是采用承载式车身,如图 2.18 所示。

图 2.17 越野乘用车车架

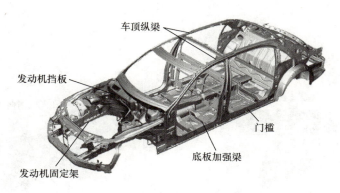

图 2.18 轿车承载式车身

（2）**车桥**。车桥通过悬架与车架连接，其两端安装车轮。当汽车行驶时，车轮受到的力通过车桥传递给悬架和车架，同时车架上各部件的载荷通过车桥传递给车轮。

车桥具有以下作用：①安装车轮；②承受垂直载荷；③传递车架或承载式车身与车轮各方向的作用力及其力矩。

车桥分为前桥和后桥。根据车桥上车轮作用的不同，车桥分为转向桥、驱动桥、转向驱动桥和支承桥。其中，转向桥和支承桥属于从动桥。

转向桥是指承担转向任务的车桥，分为整体式转向桥和断开式转向桥，如图 2.19 所示。整体式转向桥采用非独立悬架，两侧车轮连接为一个整体，当一侧车轮遇到凹凸路面时，整个车身都会倾斜，影响舒适性。断开式转向桥中部为活动关节式结构，两侧车轮在汽车的横向平面内可以相对运动，左、右车轮可以单独跳动，互不干扰，可减小车身的侧倾倾向和振动。断开式转向桥采用独立悬架，可以有效减小非簧载质量、降低发动机高度、提高汽车的行驶平顺性和操纵稳定性。

驱动桥由主减速器、差速器、车轮传动装置和驱动桥壳等组成。驱动桥是指在后轮驱动的汽车中起承载、驱动作用的车桥，它分为整体式驱动桥和断开式驱动桥，如图 2.20 所示。整体式驱动桥的桥壳是刚性整体结构，两根半轴和驱动轮在横向平面内无相对运动。断开式驱动桥采用独立悬架，驱动轮分别用弹性悬架与车架连接，两个驱动轮可独立地相对于车架或车身上下跳动，以提高汽车的行驶平顺性和通过性。

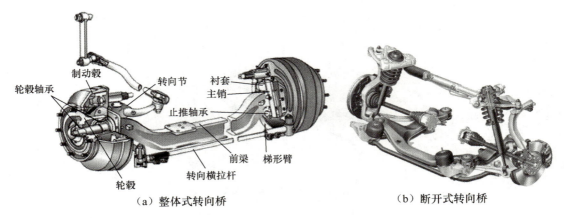

(a) 整体式转向桥　　　　　　　(b) 断开式转向桥

图 2.19　转向桥

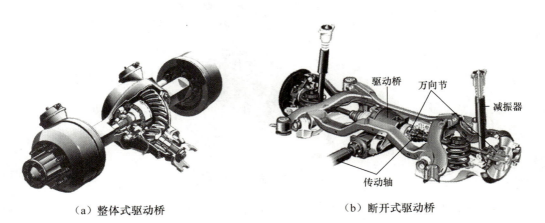

(a) 整体式驱动桥　　　　　　　(b) 断开式驱动桥

图 2.20　驱动桥

　　转向驱动桥的组成如图 2.21 所示。转向驱动桥除承担转向任务外，还具有驱动作用，一般属于前桥。

　　支承桥（图 2.22）是指既不具有转向功能又不具有驱动功能的车桥，只承受垂直载荷，并承受纵向力、侧向力及其力矩。

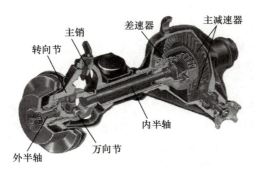

图 2.21　转向驱动桥的组成

图 2.22　支承桥

（3）**悬架**。悬架主要用于传递作用在车轮与车架之间的力，缓冲由凹凸路面传递给车架或车身的冲击力，并衰减由此引起的振动，以保证汽车的行驶平顺性。悬架是连接车轮与车身的机构，对车身起支撑和减振作用，分为前悬架和后悬架。

典型悬架系统包括弹性元件（螺旋弹簧）、导向机构（摆动轴承、下摆臂）及减振器等，如图 2.23 所示。弹性元件还可以是钢板弹簧、空气弹簧、螺旋弹簧及扭杆弹簧等，现代轿车悬架系统多采用螺旋弹簧和扭杆弹簧，个别高级轿车采用空气弹簧。

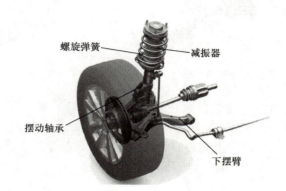

图 2.23　典型悬架系统的组成

悬架可以分为独立悬架和非独立悬架。独立悬架可以简单地理解为左、右车轮间没有硬轴进行刚性连接，一侧车轮的悬架部件都只与车身连接。独立悬架的组成如图 2.24 所示。由于独立悬架的两个车轮间不发生相互干涉，因此汽车具有更好的舒适性和操纵稳定性。

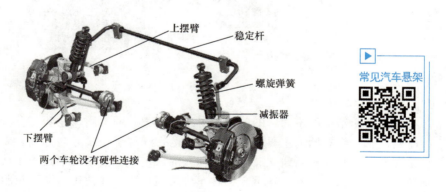

图 2.24　独立悬架的组成

非独立悬架的组成如图 2.25 所示。非独立悬架的两个车轮不是相互独立的，其之间有硬性连接物，会发生相互干涉，但其结构简单，具有更好的刚性和通过性。

常见的悬架有麦弗逊悬架、双叉臂式悬架、扭转梁式悬架和多连杆悬架。

（4）**车轮**。车轮是在轮胎与车轴之间承受载荷的旋转组件，主要由轮辋、轮辐和轮毂等组成，如图 2.26 所示。

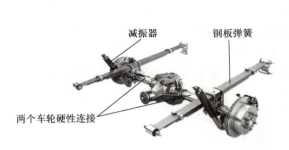
图 2.25 非独立悬架的组成

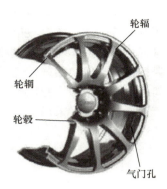
图 2.26 车轮的组成

车轮按照轮辋的构造可分为辐板式车轮和辐条式车轮,辐板式车轮主要用于载货汽车,辐条式车轮主要用于轿车。

(5) **轮胎**。轮胎是指在汽车上安装的圆形环状橡胶制品,起着支承车身、缓冲外界冲击的作用。轮胎结构如图 2.27 所示。

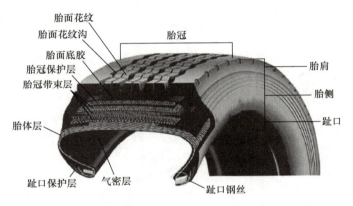
图 2.27 轮胎结构

根据轮胎结构的不同,即胎体中帘线排列方式的不同,轮胎可分为子午线轮胎与斜交线轮胎。子午线轮胎的主要特征是帘布层的帘线按子午线方向排列,斜交线轮胎的主要特征是帘布层的帘线按斜线交叉排列。现在的汽车基本使用的都是子午线轮胎,斜交线轮胎逐渐被淘汰,只有一些低速重载的货车或工程机械还在使用斜交线轮胎。

3. 转向系统

转向系统的作用是保证汽车按驾驶人的意图直线行驶或转弯。转向系统主要分为液压助力转向系统和电动助力转向系统。

(1) **液压助力转向系统**。液压助力转向系统分为机械式液压助力转向系统和电子式液压助力转向系统。

机械式液压助力转向系统主要包括转向柱、护罩、转向传动轴、储油罐、液压助力泵、液压缸、回油管、横拉杆、护罩和球头等,如图 2.28 所示。其工作原理是通过液压助力泵(由发动机皮带带动)提供油压推动液压缸活塞,产生的辅助力推动转向横拉杆,辅助车轮转向。机械式液压助力转向系统技术成熟稳定、可靠性高，应用广泛；但结构较复杂，维护成本较高，而且单纯的机械式液压助力转向系统不可调节转向助力力度，很难兼顾低速行驶和高速行驶对指向精度的不同需求。

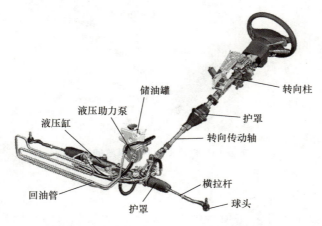

图 2.28　机械式液压助力转向系统的组成

电子式液压助力转向系统的工作原理与机械式液压助力转向系统大体相同，最大的区别在于助力泵的驱动方式不同。机械式液压助力转向系统的液压助力泵是直接通过发动机皮带驱动的，而电子式液压助力转向系统的电子助力泵是由电力驱动的。图 2.29 所示为电子式液压助力转向系统的组成。电子式液压助力转向系统的电子助力泵不仅不用消耗发动机本身的动力，而且是由电子系统控制的，不需要在转弯时关闭，可以减少能耗。电子式液压助力转向系统的电子控制单元处理车速传感器和转向角度传感器等的信息，通过改变电子助力泵的流量来改变转向助力力度。

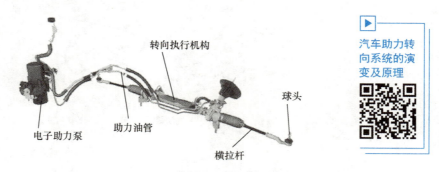

图 2.29　电子式液压助力转向系统的组成

（2）**电动助力转向系统**。电动助力转向系统主要由转向柱、转矩传感器与控制器、转向传动轴、转向机、护罩、助力电动机和横拉杆等组成，如图 2.30 所示。电动助力转向系统的工作原理是在转向盘转动时，转向柱附近的转矩传感器将转动信号传输到控制器，控制器通过运算、修正为助力电动机提供适当的电压，驱动助力电动机转动。助力电动机输出的转矩经减速机构放大后，推动转向横拉杆，从而提供转向助力。电动助力转向系统可以根据速度改变助力，使转向盘在低速时更轻盈、在高速时更稳定。电动助力转向系统没有液压助力转向系统的液压助力泵、液压缸和液压管路等，结构简单。

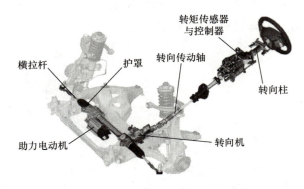

图 2.30　电动助力转向系统的组成

4. 制动系统

制动系统具有以下作用：①使行驶中的汽车按照驾驶人的意图强制减速甚至停车；②使停驶的汽车在各种道路条件下（包括在坡道上）稳定驻车；③使下坡行驶的汽车速度保持稳定。

制动系统分为行车制动系统和驻车制动系统。

（1）**行车制动系统**。行车制动系统是汽车行驶过程中采用的制动系统，其作用是根据需要使汽车减速或在最小距离内停车，以保证汽车行驶安全性。

行车制动系统主要由制动踏板、制动总泵、真空助力器、制动油管、制动分泵和制动器等组成，如图 2.31 所示。

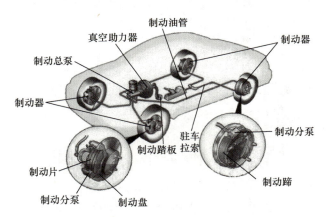

图 2.31　行车制动系统的组成

常见的制动器主要有鼓式制动器和盘式制动器。鼓式制动器主要由制动分泵、制动毂、回位弹簧、制动蹄和摩擦片等组成，如图 2.32 所示。制动时，驾驶人踩下制动踏板，推动制动总泵的活塞运动，在油路中产生压力，制动液将压力传递到车轮的制动分泵而推动活塞，活塞推动制动蹄而向外运动，使得摩擦片与制动毂产生摩擦，从而产生制动力，达到降低车速的目的。

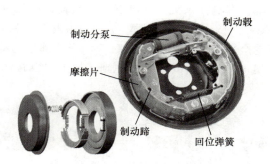

图 2.32 鼓式制动器的组成

盘式制动器主要由制动盘、制动钳、制动钳安装支架、制动钳活塞、摩擦片和制动衬块等组成，如图 2.33 所示。盘式制动器的工作原理是通过液压系统把压力施加到制动钳上，使摩擦片与随车轮转动的制动盘产生摩擦，从而达到制动的目的。

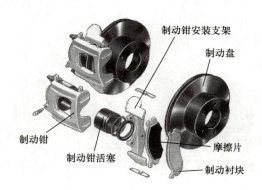

图 2.33 盘式制动器的组成

汽车液压制动系统的工作原理

从结构可以看出，鼓式制动器工作在一个相对封闭的环境中，制动过程中产生的热量不易散出，频繁制动会影响制动效果，但可以提供很大的制动力，广泛应用于商用车。盘式制动器是敞开式的，制动过程中产生的热量可以很快散出，拥有很好的制动效能，广泛应用于轿车。

（2）驻车制动系统。驻车制动系统的作用是停车时给汽车一个阻力，使汽车不溜车。乘用车上的驻车制动系统主要有手操纵式驻车制动（俗称"手刹"）和电子驻车制动。手操纵式驻车制动应用较广泛，操纵手柄一般安装在换挡杆附近，其操纵方式也很简单，直接拉起即可起作用，按住手柄端部的按钮并稍微向上提，然后推回原位即可释放。电子驻车制动是指整合行车过程中的临时性制动和停车后的长时性制动功能，并由电子控制方式实现停车制动的技术。

2.1.5 车身的类型

车身指的是汽车用来载人、装货的部分。有的车身既是驾驶人的工作场所，又是容纳乘客和货物的场所。

车身分类方法较多，如按承载方式分类和按用途分类等。

(1) **按承载方式分类**。车身按承载方式可以分为承载式车身和非承载式车身。

承载式车身如图2.34所示,它没有车架,车身作为发动机和底盘各总成的安装基体,且兼具车架的作用并承受全部载荷。为了缓和底盘件安装部位的应力和确保车身刚度等,在部分汽车上安装副车架,将底盘件一端安装在副车架上,也有将其安装在车身上的。

图2.34 承载式车身

非承载式车身如图2.35所示。采用非承载式车身的汽车,其发动机、传动系统、车身的总成部分固定在刚性车架上,车架通过前、后悬架与车轮连接。

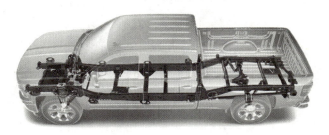

图2.35 非承载式车身

(2) **按用途分类**。车身按用途可以分为轿车车身、货车车身和客车车身等。轿车车身一般是整体式结构,以承载式车身为主,但外形各不相同;货车车身一般由驾驶室和货厢组成;客车车身一般是整体式结构。

车身可以由多种材料组成,如铝和钢等。不是车身的所有材料强度越高越好,要看材料的应用位置。例如,为了使驾乘室的空间尽量不变形(保证驾乘人员安全),驾乘室的框架(如横梁、纵梁和ABC柱等)需要采用强度高的材料。为了吸收撞击力,车头和车尾(如发动机盖板和翼子板等)可以使用强度较低的材料。为了实现汽车轻量化,全铝车身的应用范围逐渐扩大,碳纤维车身也开始应用。

2.1.6 汽车电器的组成

汽车电器主要由汽车电源系统和汽车用电设备组成。

1. 汽车电源系统

汽车电源系统包括蓄电池和发电机。当发电机工作时,由发动机向全车用电设备供电,同时给蓄电池充电;蓄电池在起动发动机时向起动机供电,并在发动机不工作时向全车用电设备供电。有些汽车的发电机本身没有调节器,只有配置电压调节器才能工作。电压调节器的作用是使发电机的输出电压保持恒定。

（1）蓄电池。蓄电池不仅可以为汽车供电，还可以储存电能。车载蓄电池属于铅酸蓄电池，其正极是二氧化铅，负极是金属铅，电解液一般是硫酸水溶液。车载蓄电池的电压为12V，一般安装在发动机舱内。

（2）发电机。发电机的功用是在发动机正常运转（怠速以上）时，向所有低压用电设备供电，同时为车载蓄电池充电。

2. 汽车用电设备

汽车用电设备很多，大致可以分为起动系统、点火系统、照明系统、信号装置、信息显示系统及其他辅助电器等。起动系统主要包括起动机及其控制电路，其作用是起动发动机；点火系统用于产生电火花，点燃汽油机中的可燃混合气；照明系统包括车内外照明灯及实现夜间安全行驶的灯光；信号装置包括电喇叭、闪光器、蜂鸣器及信号灯，主要用来提供安全行车所需的信号；信息显示系统包括机油压力表、冷却液温度表、燃油表、车速里程表和发动机转速表等；其他辅助电器包括电动刮水器、汽车空调、汽车音响、安全气囊、中控门锁系统、电动车窗、电动天窗、电动后视镜和电动座椅等。

2.1.7　汽车的驱动形式

汽车的驱动形式主要有两轮驱动和四轮驱动。

1. 两轮驱动

两轮驱动汽车的驱动形式有前置前驱、前置后驱、后置后驱、中置后驱，轿车常用前置前驱和前置后驱。

（1）前置前驱。前置前驱是指发动机前置、前轮驱动、前轮转向的驱动形式。大多数中、小型轿车都采用这种驱动形式。前置前驱汽车如图2.36所示，其变速器和驱动桥为一体，固定在发动机旁边，将动力直接输送到前轮，驱动汽车行驶。

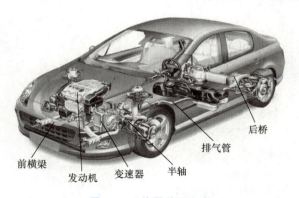

图2.36　前置前驱汽车

前置前驱的优点：结构紧凑，减小了汽车质量，动力传递效率高，从而提高了燃油经济性；省去了传动轴装置，后排地板没有很高的凸起，提高了乘坐舒适性；前置发动机可以增大前轴负荷，对提高汽车高速行驶和制动时的方向稳定性有利。

前置前驱的缺点：汽车起步加速或爬坡时受惯性作用，前轮负荷减小，在一定程度上导致牵引力减小。

（2）**前置后驱**。前置后驱是指发动机前置、前轮转向、后轮驱动的驱动形式。这是一种传统的驱动形式，发动机输出的动力通过离合器、变速器、传动轴输送到后驱动桥，驱动后轮使汽车行驶。多数跑车、赛车及货车采用这种驱动形式。前置后驱汽车如图2.37所示。

图 2.37　前置后驱汽车

前置后驱的优点：汽车在良好的路面上起动、加速或爬坡时，驱动轮的负荷增大，汽车牵引性能比前置前驱优越；质量分配比较均匀，具有良好的操纵稳定性和行驶平顺性，并且利于延长轮胎的使用寿命。

前置后驱的缺点：采用传动轴装置，降低了传动效率，在一定程度上影响了燃油经济性；后排地板中央凸起较高，影响了乘坐舒适性；汽车在雪地或湿滑路面起步时，后轮推动车身，易发生甩尾现象。

（3）**后置后驱**。后置后驱是指发动机布置在汽车后部，与差速器和变速器连成一体，前轮转向、后轮驱动的驱动形式。后置后驱多用于大、中型客车和高性能跑车，如保时捷911系列跑车。后置后驱汽车如图2.38所示。

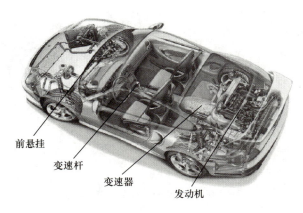

图 2.38　后置后驱汽车

后置后驱的优点：横摆力矩小，操纵灵活，具有良好的起动性能和爬坡性能；由于发动机、变速器和差速器连成一体，因此力的传递路线很短，传递效率较高，前轮负荷小。

后置后驱的缺点：汽车直线行驶性能稍差，侧风敏感性强，转弯时容易导致转向过度，发动机噪声大，变速器结构复杂；后备箱空间很小；油箱体积受限。

（4）**中置后驱**。中置后驱是指发动机在前、后轴的中间，前轮转向、后轮驱动的驱动形式。大多数运动型轿车和方程式赛车，以及大、中型客车都采用这种驱动形式。中置后驱汽车如图2.39所示。

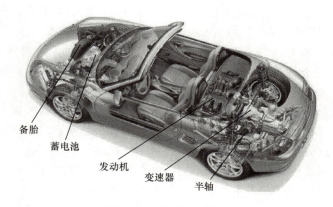

图2.39 中置后驱汽车

中置后驱的优点：轴荷分配最佳，质量集中，车身平摆方向的惯性力矩小，操纵稳定性较好；发动机靠近驱动桥，无须传动轴，车重减小，具有较高的传动效率。

中置后驱的缺点：发动机占据了车厢和行李箱的大部分空间，导致车内空间非常小，通常车厢内只能安放两个座椅；发动机的隔音和绝热效果差，乘坐舒适性有所降低。

2. 四轮驱动

四轮驱动的原理是指汽车前、后轮都有驱动力，可根据行驶路面状态将发动机输出的转矩按不同比例分布在所有车轮上，以提高汽车的行驶能力。四轮驱动汽车的结构如图2.40所示。与两轮驱动汽车相比，四轮驱动汽车增加了分动器。发动机动力经过分动器向前、后轮传递。

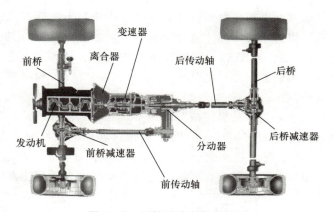

图2.40 四轮驱动汽车的结构

四轮驱动分为全时四驱、适时四驱和分时四驱。

（1）**全时四驱**。全时四驱是指汽车在整个行驶过程中一直保持四轮驱动形式，行驶时将发动机输出转矩按 1∶1 设定在前、后轮上,使前、后轮保持相等的转矩。全时四驱汽车能随时拥有较好的越野性能和操控性能,高速转向时更容易被操控,同时提高了汽车的安全性和运动性能;但结构相对复杂,成本很高,油耗很高。奥迪 Q7、宝马 X5 和奔驰 GLS 等都是全时四驱汽车。

(2) **适时四驱**。适时四驱是指在适当的时刻转换为四轮驱动形式,一般情况下是两轮驱动形式,系统会根据汽车的行驶路况自动切换。适时四驱汽车结构简单,成本低,油耗低,还能有效减小整车质量;但受制于结构本身的缺陷,无法将超过 50% 的动力传递给后轴,且主动安全性不如全时四驱汽车。本田 CR-V、丰田 RAV4、日产奇骏和马自达 CX-5 等都是适时四驱汽车。

(3) **分时四驱**。分时四驱是指驾驶人根据路面情况,通过接通或断开分动器转换两轮驱动和四轮驱动形式,可实现自由转换。实现四驱的方法是发动机输出动力通过分动器传递到前、后轴,通过分动器实现两驱、高速四驱、低速四驱间的切换。分时四驱汽车技术成熟,结构简单,可靠性高,成本低;但对驾驶人技术、地形判断经验要求很高。Jeep 牧马人、丰田 FJ 酷路泽、陆风 X8 和哈弗 H5 等都是分时四驱汽车。

2.2 新能源汽车的基础知识

汽车极大地缩短了人与人之间的空间距离,方便了人类的生活,已经成为当今社会的重要交通工具。但随着汽车保有量的大幅度增大,出现了资源消耗过度、空气污染和气候变暖等负面问题,而新能源汽车可以解决这些问题。近几年,新能源汽车得到快速发展,受到人们的喜爱,销量剧增,已经成为汽车转型的重要产品方向。

2.2.1 新能源汽车的定义与分类

1. 新能源汽车的定义

新能源汽车是指采用非常规车用燃料(除汽油、柴油、天然气、液化石油气、乙醇汽油和甲醇等外的燃料)作为动力来源,或使用常规车用燃料,采用新型车载动力装置(电动机驱动的动力装置),综合汽车动力控制和驱动方面的先进技术,形成的具有新技术、新结构的汽车。可见,人们熟知的天然气汽车、液化石油气汽车和甲醇汽车等都不属于新能源汽车,而属于节能汽车。

新能源汽车的技术体系是"三纵三横"式体系,如图 2.41 所示。"三纵"是指纯电动汽车、插电式混合动力(含增程式)电动汽车和燃料电池电动汽车,布局整车技术创新链;"三横"是指动力电池与管理系统、驱动电动机与电力电子、网联化与智能化技术,构建关键零部件技术供给体系。其中,网联化与智能化技术表示新能源汽车要向智能网联汽车方向发展。

新能源汽车核心技术攻关可以大幅度提高新能源汽车整车综合性能。纯电动汽车要降低平均百公里电耗,延长续驶里程;插电式混合动力(含增程式)电动汽车要降低平均油耗,延长纯电动工况的续驶里程;燃料电池电动汽车要降低成本,提高安全性。

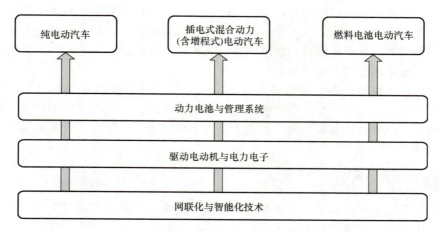

图 2.41 新能源汽车的技术体系

2. 新能源汽车的分类

新能源汽车主要包括纯电动汽车、混合动力电动汽车和燃料电池电动汽车,其中混合动力电动汽车又包括插电式混合动力电动汽车和增程式电动汽车,如图 2.42 所示。

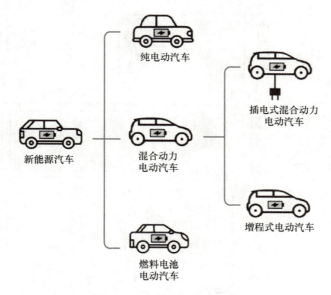

图 2.42 新能源汽车的分类

(1) **纯电动汽车**。纯电动汽车是指驱动能量完全由电能提供、由电动机驱动的汽车。电动机的驱动电能来源于车载可充电储能系统或其他能量储存装置。纯电动汽车是一种绿色环保的交通运输工具,以可再生电能替代燃油。

(2) **混合动力电动汽车**。混合动力电动汽车是指能够至少从两类车载储存的能量(可消耗的燃料、可再充电能/能量储存装置)中获得动力的汽车。混合动力电动汽车主要是指插电式混合动力电动汽车和增程式电动汽车。插电式混合动力电动汽车是指正常使用情况下可从非车载装置中获取电能的混合动力电动汽车；增程式电动汽车是一种特殊的混合动力电动汽车，在纯电动模式下可以达到其所有动力性能，当车载可充电储能系统无法满足续驶里程要求时，打开车载辅助供电装置，为动力系统提供电能，以延长续驶里程。不可外接充电式混合动力汽车属于节能汽车。

（3）燃料电池电动汽车。燃料电池电动汽车是以燃料电池为动力源或主动力源的汽车，通过氢气与氧气发生化学反应产生的电能驱动汽车行驶。与燃油汽车相比，燃料电池电动汽车增加了燃料电池和储氢罐，其电能来自氢气燃烧，工作时，只需加氢气，不需要外部补充电能。

2.2.2　纯电动汽车

纯电动汽车是指驱动能量完全由动力车载电源提供、由驱动电动机驱动、符合《中华人民共和国道路安全交通法》的汽车。

1. 纯电动汽车的组成

纯电动汽车主要由动力电池系统、电驱动系统、整车控制器、充电系统和辅助系统等组成，如图 2.43 所示。

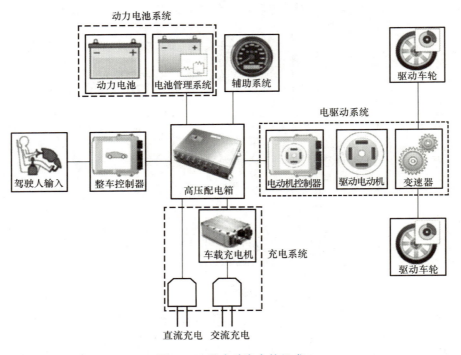

图 2.43　纯电动汽车的组成

（1）动力电池系统。动力电池系统主要包括动力电池和电池管理系统等，其功用是向驱动电动机提供电能、监测动力电池使用情况及控制充电设备向动力电池充电。

动力电池是纯电动汽车的能量存储装置，是纯电动汽车的能量来源。动力电池主要有铅酸蓄电池、金属氢化物镍蓄电池和锂离子蓄电池等。目前纯电动汽车主要以锂离子蓄电池为主，特别是三元锂离子电池和磷酸铁锂电池，未来将向新体系电池方向发展。动力电池一般安装在纯电动汽车底部。

电池管理系统实时监控动力电池的使用情况，检测动力电池的电压、内阻、温度、电解液浓度、当前剩余电量、放电时间、放电电流或放电深度等状态参数，并按动力电池对环境温度的要求进行调温控制，通过限流控制避免动力电池过充电或过放电，通过车载信息显示系统对有关参数进行显示和报警，以便驾驶人随时掌握并配合操作，按需要及时为动力电池充电并进行维护和保养。电池管理系统的结构与功能各不相同，应与动力电池和整车行驶需求匹配。

（2）**电驱动系统**。电驱动系统主要包括驱动电动机、电动机控制器和变速器，其功用是向驱动车轮提供转矩，是纯电动汽车唯一的驱动装置。

驱动电动机在纯电动汽车中承担电动和发电双重功能，即正常行驶时发挥主要的电动机功能，将电能转换为机械能；减速和下坡滑行时发电，承担发电机功能，将车轮的惯性动能转换为电能充入动力电池。驱动电动机主要有直流电动机、异步电动机、永磁同步电动机和开关磁阻电动机。目前纯电动汽车使用的驱动电动机以永磁同步电动机和异步电动机为主。

电动机控制器按整车控制器的指令和纯电动汽车的行驶需求，对驱动电动机的转速、转矩和旋转方向进行控制。

纯电动汽车没有像燃油汽车那样的多挡变速器或无级变速器，常使用驱动电动机匹配单级减速器的架构，随着对纯电动汽车性能的要求越来越高，逐渐出现驱动电动机匹配两挡变速器。单级减速器也称单挡固定齿比变速器，简称单挡变速器。

为了提高效率、减小布置空间，将驱动电动机、电动机控制器和变速器集成为电驱动系统。

（3）**整车控制器**。整车控制器是纯电动汽车的中枢，它根据驾驶人输入的加速踏板和制动踏板的信号，向电动机控制器发出相应的控制指令，对驱动电动机进行启动、加速、减速、制动控制。纯电动汽车减速和下坡滑行时，整车控制器配合电源系统的电池管理系统进行发电回馈，使动力电池反向充电。整车控制器还控制动力电池充放电过程。与汽车行驶状况有关的速度、功率、电压、电流及有关故障诊断等信息还需要传输到车载信息显示系统，进行相应的数字显示或模拟显示。

（4）**充电系统**。充电系统主要包括车载充电机、充电接口和地面充电设备等，其主要功能是为纯电动汽车动力电池充电。

车载充电机是把电网供电制式转换为对动力电池充电要求的制式，即把交流电转换为相应电压的直流电，并按要求控制充电电流，为动力电池充电。车载充电机的发展趋势之一是双向——既能向纯电动汽车动力电池充电，又能把多余的电能反馈给电网。

充电接口用于纯电动汽车充电。纯电动汽车一般有两个充电接口：一个是直流充电接口，用于动力电池的快充；另一个是交流充电接口，用于动力电池的慢充。

地面充电设备是指给电动汽车充电的设施，主要包括直流充电站和交流充电桩等。

（5）**辅助系统**。辅助系统包括车载信息显示系统和辅助电气设备等。

纯电动汽车的车载信息显示系统以汽车仪表为主。随着汽车向智能化、网络化发展，车载信息显示系统将向智能座舱发展。智能座舱系统是以车联网为依托，集合丰富的车载传感器、控制器、网络传感器、云端数据、算力资源，基于人工智能技术和先进的人机交互技术，提供友好的人机交互界面，提升汽车行驶安全性、通信感知能力、用户体验的汽车座舱软硬件集成系统，主要由人机交互系统、环境控制系统、影音娱乐系统、信息通信系统和导航系统等组成。现阶段，大部分座舱产品仍采用分布式离散控制，即操作系统相互独立，其核心技术体现为模块化、集成化设计。随着高级别自动驾驶的逐步应用，芯片和算法等性能提高，座舱产品将进一步升级，一芯多屏、多屏互融和立体式虚拟呈现等技术将逐渐普及，其核心技术体现为进一步集成智能驾驶的能力。

辅助电气设备主要包括电动转向系统、导航系统、电动空调和照明等。随着自动驾驶级别的提高，汽车底盘的发展趋势是线控化，即线控转向、线控制动和线控驱动，汽车辅助电气设备会越来越多。

纯电动汽车的"三电"系统主要是指电驱动系统、动力电池系统和电控系统，它们是纯电动汽车的核心。如果说动力电池系统是纯电动汽车的"血液"，那么电控系统是纯电动汽车的"大脑"，电驱动系统是纯电动汽车的"心脏"。

2. 纯电动汽车的工作原理

图2.44所示为某纯电动汽车的工作原理。纯电动汽车的电能由动力电池提供，可通过电网为动力电池补充电能。纯电动汽车工作时，驾驶人通过加速踏板和制动踏板控制行程，传感器将加速踏板、制动踏板机械位移的行程量转换为电信号并输入整车控制器，经处理后转换为驱动信号并传递至电动机控制器，对驱动电动机进行启动、加速、减速和制动控制等。当纯电动汽车行驶时，动力电池输出的直流电经DC/DC变换器、电动机控制器转换为交流电并输送给驱动电动机，驱动电动机将电能高效地转换为驱动车轮的动能，驱动车轮转动。当汽车制动减速或下坡滑行时，车轮带动驱动电动机转动，通过电动机控制器使驱动电动机成为交流发电机并产生电流，再将交流电转换为直流电并为动力电池充电，进行制动能量回收。

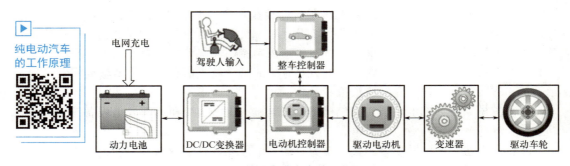

图2.44 某纯电动汽车的工作原理

3. 纯电动汽车的特点

纯电动汽车与燃油汽车相比，具有以下特点。

（1）**无污染，噪声低**。纯电动汽车无燃油汽车工作时产生的废气，对环境保护和空气的洁净是十分有益的，有"零污染"的美称；纯电动汽车无内燃机产生的噪声，电动机的噪声也比内燃机小。

（2）**能源效率高，多样化**。研究表明，纯电动汽车的能源效率超过了燃油汽车，特别是在城市中行驶时，汽车走走停停，行驶速度不高，纯电动汽车更加适合。纯电动汽车制动时不消耗电量,在制动过程中,电动机可自动转化为发电机,实现制动减速时能量的再利用。另外,纯电动汽车可有效减少对石油资源的依赖,将有限的石油用于更重要的方面。向动力电池充电的电能可以由煤炭、天然气、水力、核能、太阳能、风力和潮汐等能源转换而来。除此之外,如果夜间向动力电池充电,就可以避开用电高峰,有利于电网均衡负荷、减少费用。

(3) **结构简单,使用和维修方便**。纯电动汽车比燃油汽车结构简单,运转和传动部件少,维修和保养工作量小;当采用交流感应电动机时,不需要保养和维护电动机;更重要的是,纯电动汽车易操纵。

(4) **动力电源使用成本高,续驶里程短**。纯电动汽车技术还不如燃油汽车技术完善,尤其是动力电池的使用寿命有限,动力电池的储能量较小,一次充电续驶里程有限,而且纯电动汽车的价格较高。但从发展的角度看,随着科技的进步以及投入更多的人力、物力,制约纯电动汽车发展的问题逐步得到解决。

2.2.3 混合动力电动汽车

混合动力电动汽车一般由两个驱动系统组成,其动力源分别为发动机和驱动电动机,发动机提供的动力是单向的,驱动电动机提供的动力是双向的;它们既可以单独驱动,又可以联合驱动,主要取决于混合动力电动汽车的工作模式。

1. 混合动力电动汽车的分类

混合动力电动汽车按动力系统结构形式分为串联式混合动力电动汽车、并联式混合动力电动汽车及混联式混合动力电动汽车。

(1) **串联式混合动力电动汽车**。串联式混合动力电动汽车是指汽车行驶系统的驱动力只来源于驱动电动机,如图2.45所示。其结构特点是发动机带动发电机发电,动力耦合器(包括功率变换器)控制从动力电池和发电机到驱动电动机的功率流,或反向控制从驱动电动机到动力电池的功率流。发动机通过发电机产生的电能,经控制器输送给驱动电动机或动力电池,驱动电动机驱动汽车,发动机不直接参与驱动汽车。

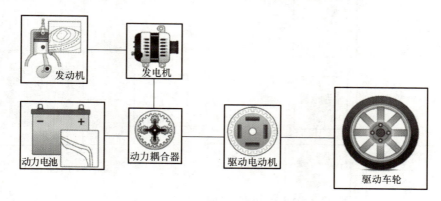

图 2.45 串联式混合动力电动汽车

串联式混合动力电动汽车的工作模式有纯电驱动模式、纯发动机驱动模式、混合驱动模式、行车充电模式、混合充电模式、再生制动模式和停车充电模式。

（2）**并联式混合动力电动汽车**。并联式混合动力电动汽车是指汽车行驶系统的驱动力由驱动电动机及发动机同时或单独提供，如图 2.46 所示。其结构特点是并联式驱动系统可以单独以发动机或驱动电动机为动力源，也可以同时以发动机和驱动电动机为动力源驱动汽车行驶。驱动电动机驱动时，动力电池的高压电经过 DC/DC 变换器，给驱动电动机提供合适的电压。

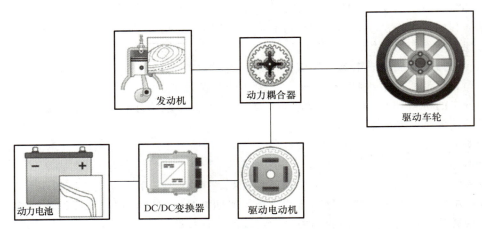

图 2.46　并联式混合动力电动汽车

并联式混合动力电动汽车的工作模式有纯电驱动模式、纯发动机驱动模式、混合驱动模式、行车充电模式、再生制动模式和停车充电模式。

（3）**混联式混合动力电动汽车**。混联式混合动力电动汽车具备串联式混合动力电动汽车和并联式混合动力电动汽车的混合动力系统结构，如图 2.47 所示。其结构特点是既可以在串联模式下工作，又可以在并联模式下工作，兼具串联式混合动力电动汽车和并联式混合动力电动汽车的特点。

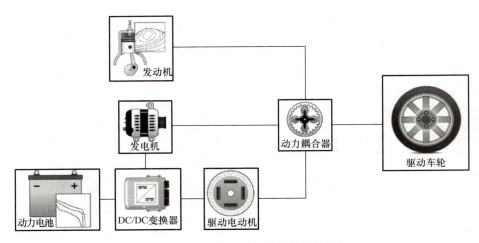

图 2.47　混联式混合动力电动汽车

混联式混合动力电动汽车的工作模式有纯电驱动模式、纯发动机驱动模式、混合驱动模式、行车充电模式、再生制动模式和停车充电模式。

三种混合动力电动汽车的动力耦合器不同。

2. 混合动力电动汽车的特点

混合动力电动汽车将发动机、电动机、能量储存装置（动力电池）等组合在一起，它们之间的良好匹配和优化控制可充分发挥燃油汽车和纯电动汽车的优点，避免各自的不足。混合动力电动汽车是低排放和低油耗汽车。与纯电动汽车相比，混合动力电动汽车的优点如下。

(1) 发动机作为辅助动力，动力电池的数量和质量减小，汽车质量减小。

(2) 汽车的续驶里程和动力性可达到燃油汽车的水平。

(3) 借助发动机的动力，可带动空调、真空助力、转向助力及其他辅助电器，不需要消耗动力电池有限的电能，保证了驾乘人员的舒适性。

与燃油汽车相比，混合动力电动汽车的优点如下。

(1) 可使原动机在最佳工况区域稳定运行，避免或减少发动机变工况下的不良运行，使得发动机的排污量和油耗大大降低。

(2) 在人口密集的商业区、居民区等地以纯电动方式驱动汽车，实现"零排放"。

(3) 由于电动机可以提供动力，因此可配备功率较小的发动机，并可通过电动机回收汽车减速和制动时的能量，进一步降低汽车的能量消耗和排污量。

显然，混合动力电动汽车可以减少石油能源的消耗，减小汽车尾气中的有害气体量。

3. 插电式混合动力电动汽车

插电式混合动力电动汽车的车载动力电池可以利用电网补充电能，具有较长的纯电动续驶里程，必要时可以在混合动力模式下工作。当车载动力电池电量足够时，优先在纯电动模式下工作；当车载动力电池电量不足时，适时切换到混合动力模式下工作，通过电网充满电后，进入纯电驱动模式。插电式混合动力电动汽车属于新能源汽车。

插电式混合动力电动汽车与传统混合动力电动汽车相同，分为串联式插电混合动力电动汽车、并联式插电混合动力电动汽车和混联式插电混合动力电动汽车。

油电混动和插电混动有什么区别？

插电式混合动力电动汽车与常规混合动力电动汽车和纯电动汽车相比，主要有以下几方面区别。

(1) 需要配套充电装置。插电式混合动力电动汽车需要连接外部电网为动力电池充电，并且要求充电装置充电速率较高。

(2) 需要大功率电动机。由于常规混合动力电动汽车以发动机为主要动力源，电动机只作为辅助动力，通过电动机单独驱动汽车的工况较少，因此电动机功率不用太大。因插电式混合动力电动汽车具有纯电动驱动模式，电量充足时完全由驱动电动机驱动汽车行驶，故要求驱动电动机具有较大功率。

(3) 需要较大容量的动力电池。常规混合动力电动汽车的动力电池容量很小，一般仅在汽车起步低速工况下使用，纯电动续驶里程较短，不具有外部充电功能；插电式混合动力电动汽车的动力电池可利用220V电网迅速充电，特别是在夜间充电可提升电网整体利用率，同时续驶里程延长。

(4) 多动力分离/复合机构。在纯电动模式下，发动机不工作，需要将发动机与驱动电动机的机械连接分离，提高电动机效率，减少机械损耗，提升汽车的整车动力性。

4. 增程式电动汽车

增程式电动汽车可以看作在纯电动汽车结构的基础上，增加了一个车载增程器发电系统。在目标续驶里程较短的情况下，可在纯电动模式下行驶，此时增程式电动汽车的工作状态与纯电动汽车的工作状态相同。在纯电动模式下，增程式电动汽车可以达到具有的所有动力性能；当动力电池无法满足续驶里程需求时，汽车可以适时启动车载增程器，为动力电池充电，延长续驶里程。

插电混动和增程式混动有什么区别？

增程式电动汽车与纯电动汽车相比，可以随时在加油站加油，续驶里程延长。在相同的续驶里程条件下，增程式电动汽车动力电池的容量仅为纯电动汽车的30%～40%，无须配备大容量的动力电池，可使成本大幅度降低。当动力电池 SOC 值降低到阈值时，转换为增程模式运行，避免动力电池过放电，使用寿命延长。

增程式电动汽车与常规混合动力电动汽车相比，混合动力电动汽车采用复杂的机械动力混合结构，发动机和电动机复合驱动，动力电池能量很小，只起到辅助驱动和制动能量回收的作用；而增程式电动汽车采用动力电池扩容的方式解决了动力电池驱动的续驶能力问题。增程式电动汽车能外接充电，且尽可能利用晚间低谷电力充电，进一步提高了能源利用率。

与插电式混合动力电动汽车相比，增程式电动汽车在电能充足的条件下行驶时，发动机不参与工作。因此，增程式电动汽车不需要像插电式混合动力电动汽车那样对工作模式进行特定说明。增程式电动汽车的动力电池、驱动电动机及动力系统的用电功率都必须根据满足整车性能的要求设计，动力电池及其容量也必须从满足纯电动汽车整车性能需要的角度考虑。在动力电池电能充足的情况下，增程式电动汽车必须在所有工作模式下维持纯电动模式。在增程器设计方面，增程式电动汽车允许发动机的功率显著降低，发动机的动力不需要达到汽车动力性能所需的峰值功率，仅满足汽车行驶所需的持续动力即可。

增程式电动汽车是一种可延长续驶里程的纯电动汽车，兼具混合动力电动汽车和纯电动汽车的特征，是现阶段解决新能源汽车技术问题切实可行的方案之一。增程式电动汽车具有以下特点。

（1）在纯电动模式下，发动机不启动，动力电池驱动汽车行驶，可减少对石油的依赖，缓解石油危机。

（2）当动力电池电能不足时，为了保证汽车性能和动力电池的安全性，进入电量保持模式，动力电池和发动机联合驱动汽车行驶。

（3）汽车纯电动续驶里程满足大多数人每天续驶里程的要求，动力电池可利用晚间低谷电力充电，缓解供电压力。

（4）在大多情况下，汽车在电量消耗模式下行驶，能达到零排放和低噪声的效果。

（5）发动机不与机械系统直接相连，发动机可工作于最佳效率点，大大提高了燃料效率。

2.2.4 燃料电池电动汽车

燃料电池电动汽车是以燃料电池为动力源或主动力源的汽车，通过氢气与氧气发生化学反应产生的电能驱动汽车行驶。与燃油汽车相比，燃料电池电动汽车增加了燃料电池和高压储氢罐,其电能来自氢气燃烧,工作时只需要加氢气,不需要外部充电。与纯电动汽车相比,燃料电池电动汽车的电能来自车载燃料电池,纯电动汽车的电能来自由电网充电的动力电池。因此,燃料电池电动汽车的关键部件是燃料电池。

1. 燃料电池电动汽车的组成

燃料电池电动汽车主要由燃料电池、高压储氢罐、辅助动力源、DC/DC 变换器、驱动电动机和整车控制器等组成,如图 2.48 所示。

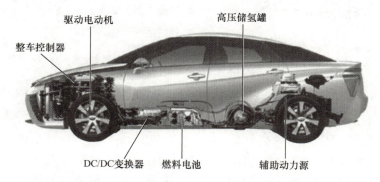

图 2.48 燃料电池电动汽车的组成

(1) **燃料电池**。燃料电池是燃料电池电动汽车的主要动力源,它是一种不燃烧燃料,而直接以电化学反应方式将燃料的化学能转换为电能的高效发电装置。

(2) **高压储氢罐**。高压储氢罐是气态氢的储存装置,用于为燃料电池供应氢气。为保证燃料电池电动汽车一次充气有足够的续驶里程,需要多个高压储氢罐来储存气态氢气。轿车需要 2~4 个高压储氢罐,客车需要 5~10 个高压储氢罐。

(3) **辅助动力源**。根据燃料电池电动汽车设计方案的不同,辅助动力源可以是动力电池、飞轮储能器或超大容量电容器等。动力电池可以是镍氢蓄电池或锂离子蓄电池。

(4) **DC/DC 变换器**。燃料电池电动汽车的燃料电池需要安装单向 DC/DC 变换器,动力电池和超级电容器需要安装双向 DC/DC 变换器。DC/DC 变换器的主要功能有调节燃料电池的输出电压(能够升高到 650V)、调节整车能量分配、稳定整车直流母线电压。

(5) **驱动电动机**。燃料电池电动汽车的驱动电动机主要有直流电动机、交流电动机、永磁同步电动机和开关磁阻电动机等,可以结合整车开发目标,综合考虑电动机的特点选择,以永磁同步电动机为主。

(6) **整车控制器**。整车控制器是燃料电池电动汽车的"大脑",由燃料电池管理系统、电池管理系统和驱动电动机控制器等组成。它一方面接收来自驾驶人的需求信息,以实现整车工况控制;另一方面基于反馈的实际工况及动力系统的状况,根据预先匹配的多能源控制策略进行能量分配调节控制。

2. 燃料电池电动汽车的工作原理

燃料电池电动汽车的工作原理如图 2.49 所示。高压储氢罐中的氢气与空气中的氧气在汽车搭载的燃料电池中发生化学反应,产生电能并驱动电动机工作,驱动电动机产生的机械能经变速传动装置传递给驱动轮,驱动汽车行驶。

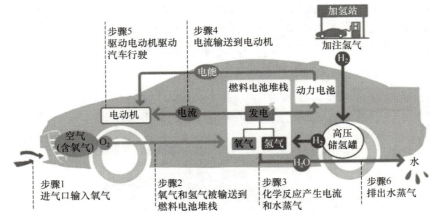

图 2.49　燃料电池电动汽车的工作原理

3. 燃料电池电动汽车的特点

燃料电池电动汽车与燃油汽车、纯电动汽车相比，具有以下优点。

（1）能量转换效率高。燃料电池的工作过程是化学能转换为电能的过程，不受卡诺循环的限制，能量转换效率较高。

（2）续驶里程长。以燃料电池系统为能量源，克服了纯电动汽车续驶里程短的缺点。

（3）绿色环保。燃料电池没有燃烧过程，以纯氢气为燃料，生成物只有水，属于"零排放"。采用其他富氢有机化合物用车载重整器制氢作为燃料电池的燃料，生成物除水外，还可能有少量 CO_2，接近"零排放"。

燃料电池电动汽车的工作原理

（4）过载能力强。除在较大的工作范围内具有较高的工作效率外，燃料电池的短时过载能力可达到额定功率的 200% 甚至更高。

（5）噪声低。燃料电池属于静态能量转换装置，除空气压缩机和冷却系统外，无其他运动部件，燃料电池电动汽车运行过程中的噪声和振动都较小。

（6）设计方便、灵活。燃料电池电动汽车可以按照线控的思路设计汽车，改变了传统的汽车设计理念，可以在空间和质量等方面灵活配置。

燃料电池电动汽车具有以下缺点。

（1）制造成本和使用成本高。

（2）辅助设备复杂，且质量和体积较大。

（3）起动时间长，抗振能力有待提高。

2.2.5　新能源汽车的关键技术

新能源汽车的关键技术包括动力电池技术、电驱动技术、智能网联技术和基础核心技术等。

1. 动力电池技术

动力电池技术要努力满足电动汽车的需求，包括能量型动力电池、能量功率兼顾型动力电池和功率型动力电池；要考虑市场需求的多样性，提出普及型动力电池、商用型动力电池与高端型动力电池,而不是单一的高能量密度电池主导;坚持安全第一的原则,兼顾性能、成本与使用寿命等指标;开发新体系动力电池;努力构筑完整的动力电池全产业链——系统集成、关键材料、制造技术及关键装备、测试评价及回收利用等。

2. 电驱动技术

电驱动系统是未来汽车工业产业链的重中之重。"电动化"的标志是所有类型的汽车驱动系统电动化,电驱动系统是实现"电动化"的技术基础,它包括驱动电动机、电动机控制器及机电耦合装置。而我国在电驱动技术上存在明显的短板,机电耦合技术落后,要加大电驱动系统的自主研发与产业发展,重视关键材料、核心零部件/元器件与主控芯片及软件架构的研发,形成自主可控的产业链。

3. 智能网联技术

新能源汽车是智能网联技术的极佳应用载体,新能源汽车的发展必须智能化和网联化,实施智能网联技术创新工程,支持企业跨界协同,研发复杂环境融合感知、智能网联决策与控制、信息物理系统架构设计、智能网联安全和多模式评价测试等关键技术,突破车载智能计算平台、云控平台、高精度地图与定位、V2X、车载高速网络、关键传感器、智能车载终端、线控执行系统等核心技术与产品。

4. 基础核心技术

实施新能源汽车基础技术提升工程,突破车规级芯片、车载操作系统、新型电子电气架构、高效高密度驱动电动机系统等关键技术和产品,攻克氢能储运、加氢站和车载储氢等氢燃料电池汽车应用支撑技术,支持基础元器件、关键生产装备、高端试验仪器、开发工具、高性能自动检测设备等基础共性技术研发创新,攻关新能源汽车智能制造海量异构数据组织分析、可重构柔性制造系统集成控制等关键技术。

新能源汽车的共性关键技术有整车集成技术、电驱动技术、能量存储技术、燃料电池技术和高压电气技术等,其目标如图 2.50 所示。

整车集成技术	突破融合多信息、以能量管理为核心的整车智能控制技术,高集成度的动力系统电动化等技术难题,开发太阳能电池整车集成应用技术
电驱动技术	突破电动机与传动装置、逆变器集成,高集成电驱动系统专用变速器等技术难题
能量存储技术	突破大温度范围、长使用寿命、全固态电池,低成本、高集成化电池管理等技术难题
燃料电池技术	突破高可靠性膜、催化剂及双极板,高可靠性供给系统及其关键部件等技术难题
高压电气技术	突破无线充电、高耐压等级薄壁绝缘层等技术难题

图 2.50 新能源汽车的共性关键技术目标

2.2.6 新能源汽车的发展趋势

新能源汽车要继续坚持电动化、智能化、网联化、共享化的发展方向,按照"三纵三横"的总体布局，开展新能源汽车关键技术研发，助推新能源汽车产业高质量发展。

1. 加强基础研究和前沿颠覆性技术创新

提升原始创新能力，努力实现更多从零到一的突破。特别是在动力电池方面，重点布局新一代锂离子电池材料体系，全固态锂离子电池、金属锂电池、多价金属与反应材料体系等，为产业的发展奠定基础。

2. 支持行业共性关键技术突破

开发模块化、轻量化、分布式、纯电动底盘平台及新型电子电气架构，研究高安全性与长寿命动力电池产业技术解决方案，开发高性能、低成本燃料电池电堆及关键材料，突破智能化与网联化技术，攻克汽车智能控制操作系统、复杂环境感知、智能决策规划和V2X云控平台等技术。

3. 以安全为新能源汽车健康可持续发展的重要前提

目前，新能源汽车安全问题较突出，但总体可防可控。提升新能源汽车的安全性是一项系统工程，需要持续加强全产业链安全技术研究，在设计、制造、使用、维护保养、回收利用全生命周期建立"本体安全、主动安全、被动安全、过程安全"的防控体系，加强软件远程更新和大数据技术应用，制定和执行严格的安全技术标准，开展全产业链的质量提升行动，为消费者提供安全、可靠的产品和出行体验。

4. 推动产业融合发展

电动化、智能化、共享化叠期发展，加速融合，产业链不断拓展，亟需汽车与能源、交通、信息通信和城市规划等行业更紧密地跨界协同，共同构建产业新生态。汽车行业应积极加强车辆与电网技术应用，推动构建"绿色、智能"的新型能源体系，加快人工智能、大数据和新一代信息通信技术的应用，拓展智能网联汽车的商业化应用场景，扩大共享出行服务规模，推动与智能交通系统和智慧城市的融合发展。

（1）**推动新能源汽车与能源融合发展**。加强新能源汽车与电网能量互动，加强高循环寿命动力电池技术攻关，推动小功率直流化技术应用，建设柔性配电网络。鼓励地方开展车辆与电网示范应用，统筹新能源汽车充放电、电力调度需求，综合运用政策及经济手段，实现新能源汽车与电网能量高效互动，降低新能源汽车用电成本，提高电网调峰、调频和安全应急响应能力，促进新能源汽车与可再生能源高效协同。推动新能源汽车与气象、可再生能源电力预测预报系统的信息共享与融合，统筹新能源汽车能源利用与风电光伏协同调度，提升可再生能源应用比率。鼓励"光储充放"（分布式光伏—储能系统—充放电）多功能综合一体站建设。

（2）**推动新能源汽车与交通融合发展**。发展一体化智慧出行服务，加快建设涵盖前端信息采集、边缘分布式计算、云端集中管控的新型智能交通管控系统，加快新能源汽车在分时租赁、城市公交、出租汽车和场地用车等领域的应用，引导汽车生产企业和出行服务企业共建"一站式"服务平台，精准匹配个体出行需求，构建"出行即服务"交通出行服务模式。构建智能绿色物流运输体系，推进新能源汽车在城市物流、农村物流和港口短驳等领域的应用。创新智慧物流营运模式，推广模块化运输、单元化物流和无人物流等新模式应用，打造安全、高效的物流运输服务新业态。

(3) **推动新能源汽车与信息通信融合发展**。加强互联互通和信息交互，充分发挥蜂窝通信网络的基础优势，以无线通信和定位导航等技术为支撑，推动汽车与道路交通、信息通信基础设施广泛互联和数据交互，为多级联动的自动驾驶控制决策和应用服务提供保障。推进以数据为纽带的"人—车—路—云"高效协同，基于汽车感知、交通管控和城市管理等信息，构建"人—车—路—云"多层数据融合与计算处理平台，开展特定场景、区域及道路的示范应用，促进汽车与信息通信融合应用服务创新。打造信息安全保障体系，构建汽车身份认证和数据管理体系，加强数据、应用服务在汽车全生命周期的分级分类管理和访问控制，完善风险评估、预警监测、应急响应机制，保障新能源汽车"端—管—云"环节的信息安全性。

(4) **加强标准对接与数据共享**。建立新能源汽车与相关产业融合发展的综合标准体系，明确车载操作系统、车用基础地图、车桩信息共享、云控基础平台和车用无线通信等技术接口标准。建立跨行业、跨领域的综合大数据平台，促进数据共建共享与互联互通。

5. 加强公共基础设施建设

加强充换电和加氢等基础设施建设，加快形成以快充为主的高速公路和城乡公共充电网络，对作为公共设施的充电桩建设给予政策支持，鼓励开展换电模式应用。

未来，新能源汽车应具有以下特征。

(1) 采用清洁电能。目前，多数新能源汽车通过火力发电，煤是电力的主要来源，首先通过燃烧煤产生电，其次为电动汽车充电，最后电能转换为动力，二次转换效率低，且采煤、烧煤对环境有一定的负面影响。因此，新能源汽车必须采用清洁电能，如风能、水能、太阳能和氢能产生的电能。

(2) 动力电池技术满足用户使用方便的要求。要突破动力电池的储能技术和充电技术，新能源汽车使用的方便性要接近燃油汽车。

(3) 新能源汽车是自动驾驶的最好载体。智能化、网联化、共享化都能体现在新能源汽车上。

(4) 新能源汽车是一个移动的智能终端，乘车人可以在车里看书、上网、购物和办公等。

(5) 新能源汽车发展的终极目标是无人驾驶。

2.3 智能网联汽车的基础知识

随着汽车向智能化、网联化方向发展，智能网联汽车成为汽车转型的重要发展方向。智能网联汽车的渗透率不断提高，车辆工程专业和智能车辆工程专业的学生必须掌握智能网联汽车知识。智能网联汽车技术是智能车辆工程专业的核心课程。

2.3.1 智能网联汽车的定义与分级

1. 智能网联汽车的定义

智能网联汽车是一个跨技术、跨产业领域的新兴体系，从不同角度、不同背景理解是有差异的，各国对智能网联汽车的定义不同，叫法也不同，但终极目标相同——可上路安全行驶的无人驾驶汽车。

智能网联汽车是指车联网与智能车的有机结合，是搭载先进的车载传感器、控制器和执行器等装置，融合现代通信与网络技术，实现车与X（车、路、行人和云端等）智能信息交换、共享，具备复杂环境感知、智能决策和协同控制等功能，可实现汽车安全、高效、舒适、节能行驶，并最终实现替代人来操纵的新一代汽车。

下面从三个维度（"智能""网联""汽车"）对智能网联汽车进行剖析。

"智能"是指搭载先进的车载传感器、控制器和执行器等装置和车载系统模块，具备复杂环境感知、智能化决策与控制等功能。

"网联"是指信息互联共享能力，即通过通信与网络技术实现车内、车与车、车与环境间的信息交互。

"汽车"是智能终端载体的形态，可以是燃油汽车，也可以是新能源汽车，但新能源汽车更有优势。

新能源汽车是自动驾驶的最佳载体，主要有以下原因。

（1）新能源汽车的特点正好与自动驾驶技术契合。新能源汽车的电气化程度更高，能源的利用效率更高。自动驾驶技术的重要能量来源就是电力，而新能源车的电气化程度较高，不用再像燃油汽车一样经过油转电的过程，对电力的保障更完善。另外，纯电动汽车的动力效率更高，内燃机效率的提高有限。自动驾驶技术对电力的需求较大，新能源汽车从能源效率上来说更适合自动驾驶技术。

（2）新能源汽车的可控性更强。燃油汽车的内燃机依靠燃料燃烧输出动力，然后通过变速器传递动力，可能出现动力延迟、不能精确控制动力输出的情况。而新能源汽车由电动机驱动，可以通过控制电流精确控制电动机的转速，同时转速可以线性变化。与内燃机相比，电动机更加可控，方便实现更多功能。

（3）新能源汽车的可塑性更强。燃油汽车的整体架构比较固定，没有太多空间容纳自动驾驶技术的传感器等组件。但是新能源汽车的可塑性较强，车身结构更加模块化，可以更方便地加入自动驾驶技术所需的硬件。

从更广义的角度来看，智能网联汽车不是特指某类或某辆汽车，而是以汽车为主体和主要节点，由汽车、道路基础设施、通信设备及交通控制系统、数据存储与处理系统等构成的综合协调系统，是未来智能交通系统下车联网环境中发挥重要作用的智能终端，最终实现汽车安全、高效、舒适、节能行驶的新一代多汽车系统，如图2.51所示。

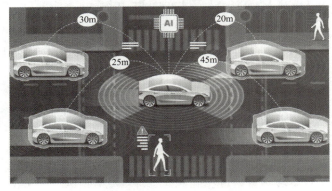

图2.51　智能网联汽车

2. 中国对智能网联汽车驾驶自动化的分级

《汽车驾驶自动化分级》（GB/T 40429—2021）把智能网联汽车驾驶自动化分为0级驾驶自动化（应急辅助）、1级驾驶自动化（部分驾驶辅助）、2级驾驶自动化（组合驾驶辅助）、3级驾驶自动化（有条件自动驾驶）、4级驾驶自动化（高度自动驾驶）和5级驾驶自动化（完全自动驾驶）。我国驾驶自动化等级与划分要素的关系见表2-1。

表2-1 我国驾驶自动化等级与划分要素的关系

分级	名称	持续的车辆横向和纵向运动控制	目标和事件探测与响应	动态驾驶任务后援	设计运行范围
0级	应急辅助	驾驶人	驾驶人及系统	驾驶人	有限制
1级	部分驾驶辅助	驾驶人和系统	驾驶人及系统	驾驶人	有限制
2级	组合驾驶辅助	系统	驾驶人及系统	驾驶人	有限制
3级	有条件自动驾驶	系统	系统	动态驾驶任务后援用户（执行接管后成为驾驶人）	有限制
4级	高度自动驾驶	系统	系统	系统	有限制
5级	完全自动驾驶	系统	系统	系统	无限制①

① 排除商业和法规因素等限制。

（1）**应急辅助**。0级驾驶自动化（应急辅助）系统不能持续执行动态驾驶任务中的车辆横向或纵向运动控制，但具备持续执行动态驾驶任务中的部分目标和事件探测与响应能力。在该阶段，自动驾驶系统可以感知环境，并提供信息或短暂介入汽车控制以辅助驾驶人安全驾驶汽车，如车道偏离预警系统、前向碰撞预警系统和自动紧急制动系统等在部分驾驶场景下可以辅助安全驾驶的功能都可以归类到0级驾驶自动化，不具备目标和事件探测与响应能力的功能（如定速巡航、电子稳定性控制等）都没有归类到自动驾驶功能。

（2）**部分驾驶辅助**。1级驾驶自动化（部分驾驶辅助）系统在设计运行条件下持续执行动态驾驶任务中的车辆横向或纵向运动控制，且具备与所执行的车辆横向或纵向运动控制适应的部分目标和事件探测与响应能力。在该阶段，自动驾驶系统仅可以独立完成汽车在某个场景中某个方向上的控制，如车道居中控制、自适应巡航控制等都可以归类到1级驾驶自动化。在该阶段，驾驶人与自动驾驶系统可以同时执行汽车的驾驶任务，但是在自动驾驶系统执行自动驾驶任务的过程中，驾驶人需要充当安全员的角色，监管自动驾驶系统的驾驶行为，驾驶人可以随时介入驾驶行为，并立即解除自动驾驶系统的控制权。如果遇到危险，驾驶人就需要立刻介入，以保障安全驾驶。

（3）**组合驾驶辅助**。2级驾驶自动化（组合驾驶辅助）系统在设计运行条件下持续执行动态驾驶任务中的车辆横向和纵向运动控制，且具备与所执行的车辆横向和纵向运动控制适应的部分目标和事件探测与响应能力。在该阶段，自动驾驶系统可以完成车辆横向和纵向运动控制中的所有驾驶场景，驾驶人与自动驾驶系统可以同时执行汽车的驾驶任务，驾驶人需要充当安全员的角色，监管自动驾驶系统的驾驶行为，驾驶人可以随时介入驾驶行为，并立即解除自动驾驶系统的控制权。如果遇到危险，驾驶人就需要立刻介入，以保障安全驾驶。

（4）**有条件自动驾驶**。3级驾驶自动化（有条件自动驾驶）系统在设计运行条件下持续执行全部动态驾驶任务。在该阶段，自动驾驶系统可以独立完成部分驾驶场景中的自动驾驶功能，驾驶人只需充当安全员的角色，监管自动驾驶系统的驾驶行为。自动驾驶系统只需在遇到不能完成驾驶行为的场景或自动驾驶系统功能失效时向驾驶人提出请求，让其介入驾驶行为，在请求驾驶人介入驾驶行为的过程中，自动驾驶系统可以独立完成一段时间的驾驶，以便让驾驶人做好接管的准备。如果驾驶人长时间没有根据自动驾驶系统的要求接管汽车，自动驾驶系统就可以适时采取减缓汽车发生危险的措施。

（5）**高度自动驾驶**。4级驾驶自动化（高度自动驾驶）系统在设计运行条件下持续执行全部动态驾驶任务并自动执行最小风险策略。在该阶段，自动驾驶系统可以独立完成规定的驾驶场景中（如园区、学校等）的自动驾驶功能，驾驶人需要充当安全员的角色，监管自动驾驶系统的驾驶行为。当自动驾驶系统遇到不能完成驾驶行为的场景或自动驾驶系统功能失效时，向驾驶人提出请求，让其介入驾驶行为。如果驾驶人对请求不做响应、驾驶人不满足驾驶汽车能力或要求自动驾驶系统控制汽车到最低风险状态，自动驾驶系统就可以自行将汽车控制到最低风险状态下。

大众L4自动驾驶汽车

（6）**完全自动驾驶**。5级驾驶自动化（完全自动驾驶）系统在任何可行驶条件下持续执行全部动态驾驶任务并自动执行最小风险策略。在该阶段，自动驾驶系统可以独立完成所有驾驶场景中的自动驾驶功能，驾驶人可以充当安全员的角色，监管自动驾驶系统的驾驶行为。自动驾驶系统可以保障车内驾乘人员的安全。当遇到不能完成驾驶行为的场景或自动驾驶系统功能失效时，向驾驶人提出请求，让其介入驾驶行为。如果驾驶人对请求不做响应或要求自动驾驶系统控制汽车到最低风险状态下，自动驾驶系统就可以自行将汽车控制到最低风险状态下。

2.3.2 智能网联汽车的层次结构

智能网联汽车的原理是以汽车为主体，利用环境感知技术实现多汽车有序安全行驶，通过无线通信网络等手段，为用户提供多样化信息服务。智能网联汽车的层次结构如图2.52所示，由环境感知层、智能决策层以及控制和执行层组成。

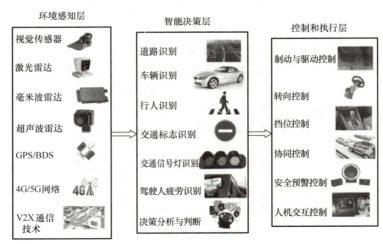

图2.52 智能网联汽车的层次结构

1. 环境感知层

环境感知层的主要功能是通过视觉传感器、激光雷达、毫米波雷达、超声波雷达、GPS/BDS（Global Positioning System，全球定位系统；BeiDou Navigation Satellite System，北斗卫星导航系统）、4G/5G 网络及 V2X 通信技术等，提取及收集汽车自身属性、汽车外在属性（如道路、汽车和行人等）静态信息和动态信息，并传输至智能决策层。

2. 智能决策层

智能决策层的主要功能是接收并融合环境感知层的信息，识别道路、车辆、行人、交通标志和交通信号灯等，分析和判断汽车驾驶模式和将要执行的操作，并向控制和执行层输送指令。

3. 控制和执行层

控制和执行层的主要功能是按照智能决策层的指令，对汽车进行操作和协同控制，并提供道路交通信息、安全信息、娱乐信息、救援信息以及商务办公、网上消费等，保证汽车安全行驶。

2.3.3 智能网联汽车环境感知

智能网联汽车要实现自动驾驶，必须感知周围的环境，如道路、车辆、行人、交通标志、交通信号灯等，否则无法保证自动驾驶的安全性。环境感知技术是智能网联汽车的重中之重，也是今后从事智能网联汽车工作的基础。

1. 环境感知的定义

智能网联汽车的环境感知就是利用车载超声波雷达（也称超声波传感器）、毫米波雷达、激光雷达、视觉传感器、V2X 通信技术等获取道路、汽车位置和障碍物的信息，并传输至车载控制中心，为智能网联汽车提供决策依据，是实现先进驾驶辅助系统的第一步。

环境感知在智能网联汽车中的典型应用如图 2.53 所示。

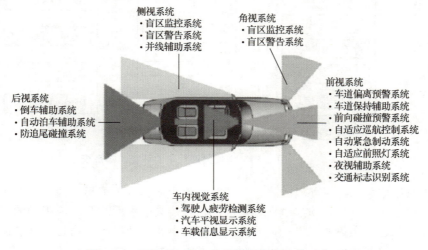

图 2.53　环境感知在智能网联汽车中的典型应用

环境感知相当于智能网联汽车的眼睛和耳朵,其性能决定了智能网联汽车对复杂多变交通环境的适应性。智能驾驶程度越高,对环境感知的要求越高,无人驾驶汽车对环境感知的要求最高,其次是自动驾驶汽车、智能网联汽车和智能汽车。

2. 环境感知的对象

智能网联汽车环境感知的对象就是环境感知传感器检测的对象和 V2X 通信技术传递的信息,主要包括行驶路径、汽车周围的交通参与者、驾驶状态和驾驶环境等。

车道线和车辆检测

（1）**行驶路径**。行驶道路分为结构化道路和非结构化道路。结构化道路的行驶路径主要检测行驶汽车的两侧车道线和车道标线;非结构化道路的行驶路径主要检测汽车的可行驶区域。

（2）**汽车周围的交通参与者**。汽车周围的交通参与者主要包括行驶汽车周围的其他汽车、行人、地面上可能影响汽车通过和安全行驶的其他移动或静止物体、交通标志和交通信号灯等。

（3）**驾驶状态**。驾驶状态主要包括驾驶人自身状态、汽车自身行驶状态和汽车周围的其他汽车行驶状态。

（4）**驾驶环境**。驾驶环境主要包括路面状况、道路交通拥堵情况和天气状况等。

智能网联汽车的主要感知对象有汽车、行人、交通标志、交通信号灯和车道标线,其中,汽车和行人既有运动状态又有静止状态。除了识别运动的对象,一般还要对其进行跟踪。

3. 环境感知系统的组成

智能网联汽车的环境感知系统由信息采集单元、信息处理单元和信息传输单元组成,如图 2.54 所示。

行人检测和跟踪

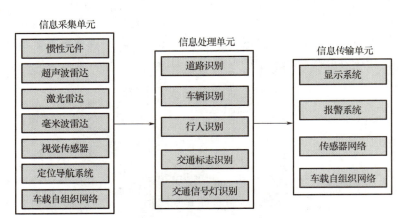

图 2.54 智能网联汽车的环境感知系统

（1）**信息采集单元**。对环境的感知和判断是智能网联汽车工作的前提和基础,感知系统获取周围环境和汽车信息的实时性和稳定性,直接关系到后续检测或识别的准确性和执行的有效性。信息采集单元主要包括惯性元件、超声波雷达、激光雷达、毫米波雷达、视觉传感器、定位导航系统及车载自组织网络技术等。

惯性元件和定位导航系统主要获取汽车的行驶速度、姿态和方位等信息,为智能网联汽车的定位和导航提供有效数据。惯性元件主要是指汽车上的车轮转速传感器、加速度传感器、微机械陀螺仪和转向盘转角传感器等，它们可以感知汽车自身的行驶状态。定位导航系统是指 GPS 或 BDS，它们可以感知汽车自身的位置。

超声波雷达、毫米波雷达、激光雷达和视觉传感器属于环境感知传感器，主要获取交通环境信息，为智能网联汽车安全行驶提供有效数据。超声波雷达主要用于短距离的障碍物检测；毫米波雷达主要用于车辆检测；激光雷达不仅用于感知，还用于高精度地图的测绘和定位，是公认的 L3 级以上智能网联汽车必不可少的传感器；视觉传感器主要用于车道线、交通标志、交通信号灯以及车辆、行人的检测。

按照获取交通环境信息的途径，环境感知传感器分为被动环境感知传感器和主动环境感知传感器。被动环境感知传感器自身不发射信号，而是通过接收外部反射或辐射的信号获取环境信息，如视觉传感器；主动环境感知传感器可以主动向外部环境发射信号进行环境感知，如超声波雷达、激光雷达和毫米波雷达。

车载自组织网络强调了汽车、基础设施和行人之间的联系，利用短程通信技术获得实时路况、道路信息、汽车信息和行人信息等交通信息，从而提高驾驶安全性和驾驶效率。

（2）**信息处理单元**。信息处理单元主要是对信息采集单元输送来的信号通过一定的算法分析，识别道路、车辆、行人、交通标志和交通信号灯等，为智能网联汽车安全行驶提供保障。

（3）**信息传输单元**。信息处理单元分析环境感知信号后，将信息传输至信息传输单元，信息传输单元根据具体情况执行不同的操作。信息传输单元包括显示系统、报警系统、传感器网络和车载自组织网络。

显示系统用于显示信息处理单元传输的重要信息，并提供给驾驶人。

报警系统用于显示信息处理单元传输的危险信息并用报警的方式提供给驾驶人，如信息处理单元分析信息后确定前方有汽车，并且本车与前方汽车之间的距离小于安全距离，则报警系统启动。

传感器网络用于把信息处理单元传输来的信息输送到控制系统的执行模块，如驾驶人没有采取措施，碰撞危险继续增大，则将危险信息送入制动系统控制执行模块，控制执行模块结合本车速度、加速度和转向角等自动调整智能网联汽车的速度和方向，实现自动避障，在紧急情况下也可以自动制动。信息传输单元把信息传输到传感器网络，可以实现汽车内部资源共享。

车载自组织网络用于把信息处理单元传输来的信息传输给汽车周围的其他汽车，实现汽车与汽车之间的信息共享。

4. 环境感知传感器的类型

智能网联汽车的环境感知传感器主要有超声波雷达、毫米波雷达、激光雷达和视觉传感器等。

（1）**超声波雷达**。超声波雷达主要用于短距离探测物体，不受光照的影响，但测量精度受测量物体表面形状、材料的影响大。智能网联汽车上的超声波雷达主要用于自动辅助泊车，结构简单、体积小、成本低。

（2）**毫米波雷达**。毫米波雷达是智能网联汽车应用最广泛也是较重要的传感器，主要有用于短程的 24GHz 毫米波雷达和中远程的 77GHz 毫米

环境感知传感器

波雷达。毫米波雷达可以准确检测前方障碍物的距离和速度信息，抗干扰能力强，具备较强的穿透雾、烟、灰尘的能力，受天气情况和夜间的影响小，体积小；但行人的反射波较弱，难以探测。

（3）**激光雷达**。激光雷达是无人驾驶汽车的必备传感器，可以根据自动驾驶级别配备不同线束的激光雷达。激光雷达分为单线束激光雷达和多线束激光雷达，单线束激光雷达是一种集成了激光器、发射光学系统、接收器和信号处理器的高科技测距仪器；多线束激光雷达通过点云建立周边环境的三维模型，可以检测车辆、行人、树木和路沿等细节。激光雷达能够直接获取物体的三维距离信息，测量精度高，对光照环境变化不敏感，抗干扰能力强，是智能网联汽车发展的必备传感器，但成本较高。

（4）**视觉传感器**。视觉传感器包括单目摄像头、双目摄像头、三目摄像头和环视摄像头。单目摄像头、双目摄像头、三目摄像头主要用于中远距离场景，能识别清晰的车道线、交通标志、障碍物和行人等，但对光照和天气等敏感，需要复杂的算法支持，对处理器的要求也比较高；环视摄像头主要用于短距离场景，可识别障碍物，也对光照和天气等敏感。

不同传感器的感知范围不同，它们均有各自的优点和局限性，现在的发展趋势是通过传感器信息融合技术弥补单个传感器的缺陷，提高整个智能驾驶系统的安全性和可靠性。

智能网联汽车环境感知传感器的配置数量与自动驾驶级别有关，自动驾驶级别越高，配置的传感器越多。选择环境感知传感器时，一般需要综合考虑多个属性，结合这些属性的参数和不同等级的自动驾驶功能实现需求，从多种传感器中综合考虑。

沃尔沃与优步联合开发的 XC90 自动驾驶汽车环境感知传感器的配置如图 2.55 所示。每辆汽车上都有前视摄像头、侧视摄像头、后视摄像头、超声波雷达、毫米波雷达和激光雷达。

图 2.55　XC90 自动驾驶汽车环境感知传感器的配置

图 2.56 所示为特斯拉电动汽车环境感知传感器的配置。每辆汽车上都有 1 个三目摄像头、2 个侧前视摄像头、2 个侧后视摄像头、1 个后视摄像头、1 个毫米波雷达和 12 个超声波雷达。侧前视摄像头和侧后视摄像头的覆盖范围重叠，可保证无盲区。

可以阅读本书编者编写的《智能网联汽车环境感知技术》，进一步了解智能网联汽车环境感知相关知识。

智能车辆工程的专业基础知识 第2章

图 2.56 特斯拉电动汽车环境感知传感器的配置

2.3.4 智能网联汽车导航定位

智能网联汽车要实现无人驾驶,必须可以进行高精度定位,高精度定位是智能网联汽车实现无人驾驶的关键技术。

1. 导航定位的定义

智能网联汽车或无人驾驶汽车的导航定位通过 GPS、BDS、惯性导航系统和激光雷达等,获取汽车的位置和方向信息。

定位可以分为绝对定位、相对定位和组合定位。

(1) **绝对定位**。绝对定位可以通过 GPS 或 BDS 实现,采用双天线,通过卫星获得汽车在地球上的绝对位置和方向信息。

(2) **相对定位**。相对定位是指根据汽车的初始位姿,通过惯性导航获得汽车的加速度和角加速度信息,并对时间进行积分,得到相对初始位姿的当前位姿信息。

(3) **组合定位**。组合定位是指将绝对定位和相对定位结合,以弥补单一定位方式的不足。

智能网联汽车通过定位系统准确感知在全局环境中的位置,并与环境有机结合,再通过导航系统准确感知汽车行驶的方向和路径等信息。在实际应用中,采用信息融合技术实现定位与导航技术的组合,从而使环境信息与汽车信息融合为一个系统性的整体。

现在大多数智能网联汽车处于1级驾驶自动化和2级驾驶自动化,仅需实现普通的驾驶辅助功能,该阶段对卫星定位的精度是导航级精度。

当智能网联汽车步入3级甚至3级以上驾驶自动化时,要求在高速公路和停车场泊车等特殊场景实现全自动驾驶,需要采用高精度定位技术实现厘米级的定位,以真正实现在高速公路上变道超车、上下匝道及定点泊车等功能。

2. 导航定位的方法

导航定位的方法主要有 GPS 定位、差分全球定位系统定位、BDS 定位、惯性导航系统定位、航迹推算定位、视觉传感器定位、激光雷达定位及组合定位等。

(1) **GPS 定位**。GPS 是一种以空中卫星为基础的高精度无线电导航的定位系统,全球

65

定位系统定位是一种绝对位姿估计方法。该方法通过 GPS 进行汽车定位，其优点是可全天候连续定位，且适用于全局定位；缺点是受环境影响较大，高楼、树木和隧道等都会屏蔽 GPS 信号，而且 GPS 定位精度低、更新周期长，远远不能满足自动驾驶的需求。

（2）**差分全球定位系统定位**。差分全球定位系统的原理是在 GPS 的基础上，利用差分技术使用户从 GPS 中获得更高的精度。汽车在行驶过程中以 GPS 作为基准，GPS 更新时，通过差分辅助完成汽车厘米级的定位。

（3）**BDS 定位**。BDS 是我国自行研制的全球卫星导航系统，在汽车领域还没有大面积推广应用，但在我国制定的智能汽车发展规划中明确提出，要大力推广 BDS 在智能网联汽车和无人驾驶汽车中的应用。

（4）**惯性导航系统定位**。惯性导航系统由陀螺仪、加速度传感器及软件构成，测量运动载体的角速度和加速度数据，并将这些数据对时间进行积分运算，得到运动载体的速度、位置和姿态。汽车驶入深山隧道时，惯性导航系统的定位导航作用非常显著。

（5）**航迹推算定位**。航迹推算定位的原理是利用载体上一时刻的位置，结合无人驾驶汽车的航向和速度等信息，推算出当前时刻的位置。它是一种自主式导航，一般不会受到外界环境的干扰。由于其定位误差随着时间的增加累计，不能长时间独立工作，因此一般用来辅助其他导航。

（6）**视觉传感器定位**。视觉传感器提供了丰富的图像信息，处理这些信息正是深度学习技术的强项。采用深度学习模型可识别车道线、道路上文字和停止线等固定标识，并与高精度地图数据对比，从而获取汽车的当前位置。视觉传感器定位的优点是成本低；缺点是精度低、误差大，并且在强光、逆光、黑夜场景下效果不好。

（7）**激光雷达定位**。激光雷达定位的原理是事先通过采集车采集道路的三维点云地图数据，在智能网联汽车的行驶过程中，实时利用激光雷达采集点云地图数据，并与事先采集的点云地图数据进行比较，从而获取汽车的当前位置。激光雷达定位的优点是探测精度高，探测距离长，对 GPS 的初值依赖度低，即使在没有 GPS 信号的场景下也能实现精准定位；缺点是成本高，基于点云地图数据的时效性差，维护成本高。

（8）**组合定位**。高精度定位是无人驾驶汽车的关键技术。高精度是指定位精度达到厘米级，由于上述定位方法都很难满足要求，因此无人驾驶汽车需使用组合定位。

精确定位和导航是无人驾驶汽车在未知或已知环境中正常行驶的基本要求，是实现在宏观层面引导无人驾驶汽车，按照设定路线或者自主选择路线到达目的地的关键技术。

可以阅读本书编者编写的《智能网联汽车导航定位技术》，进一步了解智能网联汽车导航定位相关知识。

2.3.5　智能网联汽车路径规划

路径规划是解决智能网联汽车（主要是自动驾驶汽车或无人驾驶汽车）从起点到终点的路径问题。规划的总体要求是不要撞到障碍物，保证自身的安全和可能相遇的汽车和行人的安全。在此基础上，再去依次追求车体平稳、乘坐舒适、寻求路径最短等目标。路径规划是自动驾驶汽车或无人驾驶汽车的重要技术。

1．路径规划的定义

给定目标任务地点之后，无人驾驶汽车要能够在路网中找到最经济、最快捷的路径，并将乘客送到指定地点。但在实际中，交通环境通常是部分已知的，可能还有障碍物临时出现，需要重新规划路径。如图 2.57 所示，从 A 地到 B 地的最短道路被隔断后，无人驾驶汽车能够重新规划路径，到达指定地点。

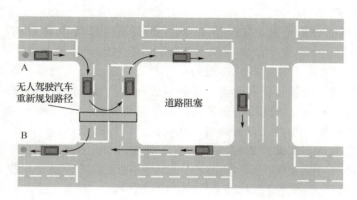

图 2.57　路径规划

2. 路径规划的类型

根据对环境信息的把握程度，路径规划可以分为基于先验完全信息的全局路径规划和基于传感器信息的局部路径规划。

（1）**全局路径规划**。全局路径规划的原理是在已知的环境中，为汽车规划一条路径，路径规划精度取决于环境获取的准确度。虽然全局路径规划可以找到最优解，但是需要事先知道环境的准确信息，当环境发生变化（如出现未知障碍物）时其无能为力。全局路径规划是一种事前规划，对汽车的实时计算能力要求不高，虽然规划结果是全局的、较优的，但是对环境模型的错误辨识及噪声的抵抗能力差。

全局路径规划的主要任务是根据全局地图数据库信息规划出自起始点至目标点的一条无碰撞、可通过的路径。全局定位模块接收交通标志标线检测结果、交通信号灯检测结果、停车线检测结果和 GPS 定位模块的运行结果，并根据这些结果判定汽车当前位置，并将此位置信息发送给控制模块，控制模块根据汽车当前位置信息，结合计算机中的数据库，再将对汽车横向控制和纵向控制的要求发送给局部路径规划进行处理。

（2）**局部路径规划**。局部路径规划的环境信息完全未知或有部分可知，侧重于考虑汽车当前的局部环境信息，让汽车具有良好的避障能力，通过传感器探测汽车的工作环境，以获取障碍物的位置和几何性质等信息。进行局部路径规划时，需要搜集环境数据，并且能够随时校正该环境模型的动态更新。局部路径规划将对环境的建模与搜索融为一体，要求汽车具有较强的信息处理能力和计算能力，对环境误差和噪声有较高的鲁棒性，能实时反馈和校正规划结果；但是由于缺乏全局环境信息，因此规划结果可能不是最优的，甚至可能找不到正确路径或完整路径。

局部路径规划的前提是对周围环境有一个非常完善的、实时的深刻理解，由于全局路径规划所生成的路径只能是从起始点到目标点的大致路径，无法考虑路径的方向、宽度、曲率、道路交叉及路障等细节信息，并且汽车在行驶过程中会受到外部环境和自身状态不确定性的影响，难免会遇到一些突发状况。因此，汽车在行驶过程中，必须以局部环境信息和自身状态信息为基础，规划出一段无碰撞、无障碍的局部路径，这就是局部路径规划。在此规划中，横向控制模块接收相应的信息，并结合定位信息，对汽车进行横向控制；同时，速度控制模块接收相应的信息，并结合自然环境感知模块得到的检测结果，计算出符合当前安全行驶标准的车速，将计算数据发送到底层控制系统，完成对汽车的控制。

从获取障碍物信息是静态的还是动态的角度看，全局路径规划属于静态规划，局部路径规划属于动态规划。全局路径规划需要掌握所有环境信息，根据环境地图的所有信息进行路径规划；局部路径规划只需由传感器实时采集环境信息，了解环境地图信息，然后确定位置及其局部障碍物分布情况，从而选出从当前点到目标点的最优路径。

全局路径规划为自动驾驶汽车规划一条从A地到B地安全通过的路线；局部路径规划根据某段路程的环境信息和汽车自身状态，规划一段无碰撞的路径。前者就像在地图上输入起始点和目标点，生成可行路线；后者主要包括转弯、变道、超车和遇到施工等情况下的汽车运动。

全局路径规划和局部路径规划并没有本质上的区别，很多适用于全局路径规划的方法经过改进也可用于局部路径规划，而适用于局部路径规划的方法经过改进后也可用于全局路径规划。两者协同工作，自动驾驶汽车可更好地规划从起始点到目标点的行驶路径。

路径规划主要包含两个步骤：建立环境模型，将现实环境进行抽象后建立相关模型；路径搜索，即寻找符合条件的最优路径。不同的环境模型对路径搜索方法有非常显著的影响。

路径规划直接关系自动驾驶汽车行驶路径选择和行驶流畅度，而路径规划算法的性能在很大程度上取决于选择的规划算法。在各种场景下迅速、准确地规划出一条高效路径且具备应对场景动态变化的能力是路径规划算法应当解决的问题。

3. 路径规划算法

路径规划算法很多，其大致分为基于采样的路径规划算法、基于搜索的路径规划算法、基于数学模型的路径规划算法、基于生物启发的路径规划算法和基于多融合的路径规划算法，如图2.58所示。基于采样的路径规划算法有泰森多边形（又称Voronoi图）、概率路图（Probabilistic Road Map，PRM）和快速随机扩展树（Rapidly-exploring Random Tree，RRT）；基于搜索的路径规划算法通过搜索表示环境信息的环境地图来获得最终路径，比较有代表性的有Dijkstra算法、A*算法和D*算法；基于数学模型的路径规划算法有混合整数线性规划（Mixed Integer Linear Programming，MILP）和自然语言处理规划（Nataral Language Processing，NLP）；基于生物启发的路径规划算法有神经网络（Neural Network，NN）算法和GN（Girvan-Newman）算法；基于多融合的路径规划算法有PRM-NODE算法。有除上述算法外，还有遗传算法、模拟退火算法、蚁群算法和随机路标图法等。路径规划算法的理论性较强，将在专业课"智能车辆路径规划与决策"中详细学习。

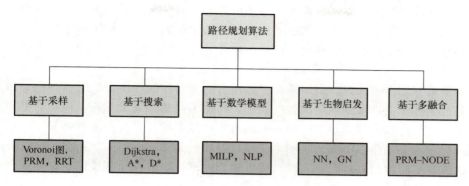

图 2.58 路径规划算法

2.3.6 智能网联汽车控制执行

智能网联汽车（包括自动驾驶汽车和无人驾驶汽车）控制执行的核心任务是通过纵向控制系统和横向控制系统的配合，使汽车能够按照规划的路径稳定行驶，并且能够实现避让、保持车距和超车等动作。

汽车自动驾驶控制分为纵向控制和横向控制。纵向控制包括汽车的驱动控制及制动控制；横向控制包括转向盘角度调整及轮胎作用力控制。实现了纵向控制和横向控制，就可以按给定目标和约束自动控制汽车行驶。汽车自动驾驶的控制结构如图 2.59 所示。

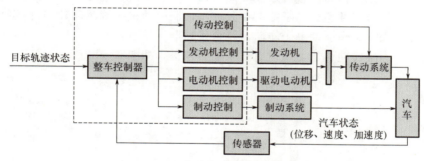

（a）纵向控制的基本结构

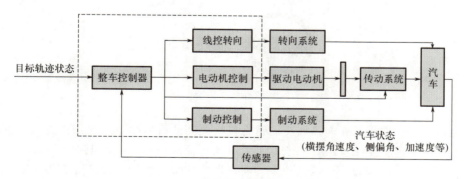

（b）横向控制的基本结构

图 2.59 汽车自动驾驶的控制结构

（1）**纵向控制**。纵向控制是指在行车速度方向上的控制，即车速以及自车与前后车或障碍物距离的自动控制，如巡航控制和自动紧急制动控制。纵向控制可归结为对发动机或驱动电动机、传动系统和制动系统的控制。此外，针对轮胎作用力的滑移率控制是纵向控制的关键。

（2）**横向控制**。横向控制是指垂直于运动方向上的控制，主要是转向控制。横向控制的目标是控制汽车自动保持期望的行车轨迹，并在不同的车速、载荷、风阻、路况下具有很好的乘坐舒适性和操纵稳定性。横向控制有两种基本设计方法：一种是基于驾驶人模拟的方法；另一种是给予汽车横向运动力学模型的控制方法。

纵向控制和横向控制耦合是实现自动驾驶的关键。纵向控制和横向控制的实现主要靠制动系统、油门系统和转向系统。

线控系统是将燃油汽车的机械操纵系统变成通过高速容错通信总线与高性能中央处理器相连的电气系统。在自动驾驶汽车上，由于智能感知单元通过线束将指令传递给转向系统、制动系统或油门系统，实现对汽车的控制，因此线控转向、线控制动和线控油门是关键技术。线控技术的目标是使汽车结构更简单，质量更轻，制造更方便，运行更高效。对于自动驾驶汽车，线控将是一种标准配置技术。

1. 线控转向

汽车的转向系统经历了传统机械转向系统、机械液压助力系统、电子液压助力转向系统、电子助力转向系统及正在发展的线控转向系统。

线控转向是把依靠转向管柱连接转向机构实现转向的传统方式，转换为通过传感器检测转向盘角度信号，并通过电子控制单元控制伺服电动机实现驱动转向的转向系统。 驾驶人对转向盘的操作只是驱动一个转向盘转角传感器，并由转向盘电动机提供转动阻尼和回馈，转向盘与前轴转向机构之间没有任何刚性连接，如图 2.60 所示。

图 2.60 线控转向

线控转向系统取消了转向盘与转向执行机构之间的机械部分，采用电控技术完成驾驶人转向指令的传递和路感反馈。由于其不受机械连接的约束，因此理论上可以自由设计传动比，使角传递特性和力传递特性随着转向盘转角和车速的变化而变化，保证转向灵敏度与车速成线性关系，降低了驾驶人掌握汽车转向特性的难度，能够在很大程度上避免由不同车速下汽车转向特性变化导致的驾驶人操作不当问题。线控转向系统根据当前汽车状态参数,主动对前轮转角进行补偿和调整,实现主动转向控制,提高汽车的操纵稳定性。同时,线控转向系统用路感电动机模拟产生路感,可以过滤干扰信号,优化驾驶人的驾驶体验。此外,由于线控转向系统中的机械结构减少,转向系统强度降低,因此在碰撞中容易发生变形,减少了转向盘和转向管柱在碰撞事故中对驾驶人的伤害,提高了汽车的被动安全性。线控转向系统作为实现自动驾驶的关键技术,易与其他主动安全技术(如防抱死制动系统和车身电子稳定系统等)结合,有利于底盘一体化的设计。

2. 线控制动

汽车制动技术的发展历程主要是摩擦片制动、鼓式制动器和盘式制动器、防抱死制动系统、线控制动系统,如图 2.61 所示。

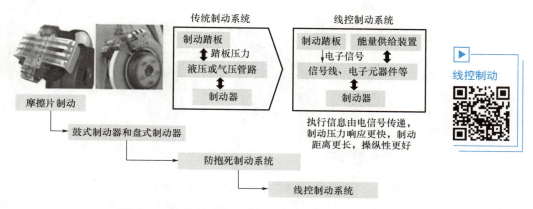

图 2.61 汽车制动技术的发展历程

如果制动踏板只连接一个制动踏板位置传感器,踏板与制动系统之间没有任何刚性连接或液压连接的就可以视为线控制动,如图 2.62 所示。

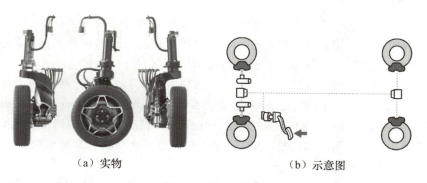

(a) 实物 　　　　　　　(b) 示意图

图 2.62 线控制动

自动驾驶时代的逼近推动了线控制动技术的进一步发展。线控制动是自动驾驶汽车"控制执行层"中最关键的、技术难度最大的部分。受技术发展程度的限制,目前线控制动系统主要有电子液压制动系统和电子机械制动系统两种。

3. 线控油门

当前线控油门或电子油门技术已经成熟。针对燃油汽车和混合动力电动汽车,线控油门基本是标准配置;纯电动汽车中都是线控油门,基本不需要换挡。

在线控油门中,用线束(导线)代替拉索或者拉杆,在节气门侧安装一个微型电动机,从而驱动节气门开度。一般而言,"增减油门"是指通过加速踏板改变发动机的节气门开度,从而控制可燃混合气的流量,改变发动机的转速和功率,以适应汽车行驶的需要。线控油门的主要功能是把驾驶人踩下加速踏板的角度转换成与其成正比的电压信号,同时把加速踏板的各种特殊位置制成接触开关,把怠速、高负荷和加/减速等发动机工况转变成电脉冲信号并输送给电控发动机的控制器,以控制供油、喷油和变速等。图2.63所示为博世公司生产的线控油门系统。

图 2.63 博世公司生产的线控油门系统

2.3.7 先进驾驶辅助系统

1. 先进驾驶辅助系统的定义

随着汽车智能化水平的提高,开始在汽车上装备各种先进驾驶辅助系统,如车道偏离预警系统、前向碰撞预警系统、自动紧急制动系统、自适应巡航控制系统和驾驶人疲劳监测系统等,这些系统提高了汽车行驶安全性,减轻了驾驶人的负担。

《道路车辆 先进驾驶辅助系统(ADAS)术语及定义》(GB/T 39263—2020)中对先进驾驶辅助系统的定义如下:**先进驾驶辅助系统(Advanced Driver Assistance Systems,ADAS)是利用安装在车辆上的传感、通信、决策及执行等装置,实时监测驾驶员、车辆及其行驶环境,并通过信息和/或运动控制等方式辅助驾驶员执行驾驶任务或主动避免/减轻碰撞危害的各类系统的总称。**

先进驾驶辅助系统是智能网联汽车重点发展的技术,其成熟程度和使用率代表智能网联汽车的技术水平。先进驾驶辅助系统在智能网联汽车上的渗透率越来越高,如某汽车装备了车道偏离预警系统、前向碰撞预警系统、自动紧急制动系统及自适应巡航控制系统,如图2.64所示。

2. 先进驾驶辅助系统的组成

先进驾驶辅助系统一般由环境感知单元、信息处理单元和控制执行单元组成。环境感

图 2.64　某汽车装备的先进驾驶辅助系统

知单元是先进驾驶辅助系统的"眼睛",信息处理单元是先进驾驶辅助系统的"大脑",控制执行单元是先进驾驶辅助系统的"手脚",如图 2.65 所示。

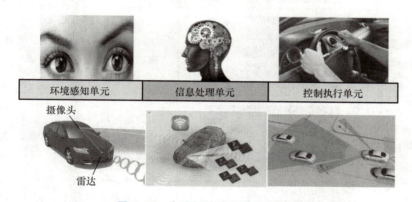

图 2.65　先进驾驶辅助系统的组成

(1) **环境感知单元**。环境感知单元主要通过安装在智能网联汽车上的智能传感器或 V2X 通信技术获取道路、车辆、行人和交通标志等信息,并把这些信息传输给信息处理单元。智能传感器主要包括视觉传感器、超声波雷达、毫米波雷达和激光雷达,V2X 通信技术主要包括 V2V(汽车与汽车)、V2I(汽车与基础设施)和 V2P(汽车与行人)。

(2) **信息处理单元**。信息处理单元接收环境感知单元的信息,并进行道路识别、车辆识别、行人识别和交通标志识别等,主要用于车道保持辅助系统、自动紧急制动系统、自适应巡航控制系统和交通标志识别系统等先进驾驶辅助系统。信息处理单元主要包括硬件的中央处理器或图形处理器和软件算法,软件算法越来越多地把机器学习和深度学习等人工智能技术用于信息的处理,以提高信息处理的速度和准确度。

(3) **控制执行单元**。控制执行单元接收信息处理单元的指令,并对驾驶人进行预警或进行汽车控制,保障汽车安全行驶。

先进驾驶辅助系统有几十种,每种类型的环境感知单元、信息处理单元和控制执行单元都不相同。即使是同一种类型,不同厂商的产品也不相同,特别是环境感知单元的智能传感器和信息处理单元的算法是有一定差别的。例如,同样是自适应巡航控制系统,有使用毫米波雷达的,有使用视觉传感器的,也有使用少线束激光雷达的。智能传感器不相同，其算法、成本及性能也就不相同。不同汽车安装的先进驾驶辅助系统类型也不相同。

3. 先进驾驶辅助系统的类型

车道偏离预警系统

先进驾驶辅助系统包括信息辅助类的先进驾驶辅助系统和控制辅助类的先进驾驶辅助系统。

（1）**信息辅助类的先进驾驶辅助系统**。信息辅助类的先进驾驶辅助系统见表2-2，它们只能为驾驶人提供预警信息，不能实现自动操作。

表2-2 信息辅助类的先进驾驶辅助系统

系统名称	系统图示	系统功能
前向碰撞预警（FCW）系统		实时监测汽车前方行驶环境，并在可能发生前向碰撞危险时发出警告信息
后向碰撞预警（RCW）系统		实时监测汽车后方环境，并在可能受到后方碰撞危险时发出警告信息
车道偏离预警（LDW）系统		实时监测汽车在本车道的行驶状态，并在出现或即将出现非驾驶意愿的车道偏离时发出警告信息
变道碰撞预警（LCW）系统		在汽车变道过程中，实时监测相邻车道，并在汽车侧方和/或侧后方出现可能与本车发生碰撞危险的其他道路使用者时发出警告信息
盲区监测（BSD）系统		实时监测驾驶人视野盲区，并在其盲区内出现其他道路使用者时发出提示或警告信息
侧面盲区监测（SBSD）系统		实时监测驾驶人视野的侧方及侧后方盲区，并在其盲区内出现其他道路使用者时发出提示或警告信息
转向盲区监测（STBSD）系统		在汽车转向过程中，实时监测驾驶人转向盲区，并在其盲区内出现其他道路使用者时发出警告信息

续表

系统名称	系统图示	系统功能
后方交通穿行提示（RCTA）系统	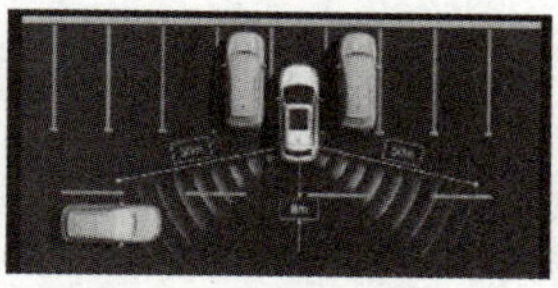	在汽车倒车时，实时监测汽车后部横向接近的其他道路使用者，并在可能发生碰撞危险时发出警告信息
车门开启预警（DOW）系统	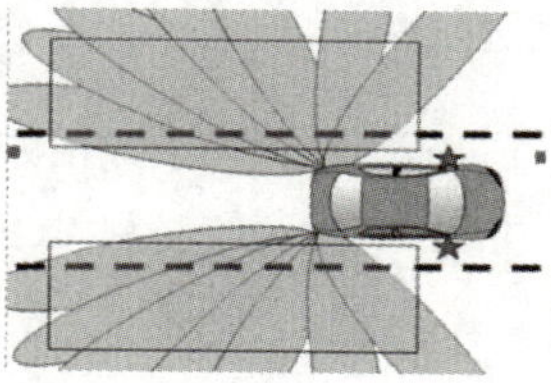	在停车状态即将开启车门时，监测汽车侧方及侧后方的其他道路使用者，并在可能因车门开启而发生碰撞危险时发出警告信息
驾驶人疲劳监测（DFM）系统		实时监测驾驶人状态并在确认其疲劳时发出提示信息
驾驶人注意力监测（DAM）系统		实时监测驾驶人状态并在确认其注意力分散时发出提示信息
交通标志识别（TSR）系统		自动识别汽车行驶路段的交通标志并发出提示信息
智能限速提示（ISLI）系统		自动获取汽车当前条件下所应遵守的限速信息并实时监测汽车行驶速度，在汽车行驶速度不符合或即将超出限速范围的情况下适时发出提示信息
抬头显示（HUD）系统		将信息显示在驾驶人正常驾驶时的视野范围内，使驾驶人不必低头就可以看到相应的信息

续表

系统名称	系统图示	系统功能
夜视（NV）系统		在夜间或其他弱光行驶环境中为驾驶人提供视觉辅助或警告信息
全景影像监测（AVM）系统		向驾驶人提供汽车周围360范围内环境的实时影像信息

（2）**控制辅助类的先进驾驶辅助系统**。控制辅助类的先进驾驶辅助系统见表2-3，它们能够对系统进行自动操作，有的系统还能够为驾驶人提供预警信息。

表2-3 控制辅助类的先进驾驶辅助系统

系统名称	系统图示	系统功能
自动紧急制动（AEB）系统		实时监测汽车前方行驶环境，并在可能发生碰撞危险时自动启动汽车制动系统使汽车减速，以避免碰撞或减轻碰撞后果
紧急制动辅助（EBA）系统		实时监测汽车前方行驶环境，在可能发生碰撞危险时提前采取措施以减少制动响应时间并在驾驶人采取制动操作时辅助增加制动压力，以避免碰撞或减轻碰撞后果
紧急转向辅助（ESA）系统		实时监测汽车前方、侧方及侧后方行驶环境，在可能发生碰撞危险且驾驶人有明显的转向意图时辅助驾驶人进行转向操作
智能限速控制（ISLC）系统		自动获取汽车当前条件下所应遵守的限速信息，实时监测并辅助控制汽车行驶速度，以使汽车保持在限速范围内

自动紧急制动系统

续表

系统名称	系统图示	系统功能
车道保持辅助（LKA）系统		实时监测汽车与车道边线的相对位置，持续或在必要情况下控制汽车横向运动，使汽车保持在原车道内行驶
车道居中控制（LCC）系统		实时监测汽车与车道边线的相对位置，持续自动控制汽车横向运动，使汽车始终在车道中央区域行驶
车道偏离抑制（LDP）系统	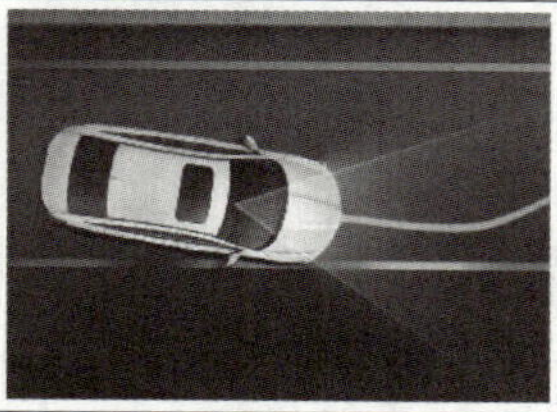	实时监测汽车与车道边线的相对位置，在汽车将发生车道偏离时控制汽车横向运动，辅助驾驶人将汽车保持在原车道内行驶
自适应巡航控制（ACC）系统		实时监测汽车前方行驶环境，在设定的速度范围内自动调整行驶速度，以适应前方汽车和/或道路条件等引起的驾驶环境变化
交通拥堵辅助（TJA）系统		在汽车低速通过交通拥堵路段时，实时监测汽车前方及相邻车道行驶环境，并自动对汽车进行横向和纵向控制，其中部分功能的使用需经过驾驶人的确认
智能泊车辅助（IPA）系统		在汽车泊车时，自动检测泊车空间并为驾驶人提供泊车指示和/或方向控制等辅助功能
自适应前照灯（AFL）系统		能够自动进行近光/远光切换或投射范围控制，从而为适应汽车各种使用环境提供不同类型光束的前照灯

自适应巡航控制系统

比较常见的先进驾驶辅助系统有前向碰撞预警系统、车道偏离预警系统、盲区监测系统、车道保持辅助系统、自适应巡航控制系统、智能泊车辅助系统、自适应前照明系统、抬头显示系统、夜视系统和驾驶人疲劳监测系统等。

可以阅读本书编者编写的《智能网联汽车先进驾驶辅助系统（ADAS）》，进一步了解智能网联汽车先进驾驶辅助系统相关知识。

2.3.8 智能网联汽车的关键技术

智能网联汽车的关键技术包括环境感知技术、无线通信技术、智能互联技术、车载网络技术、先进驾驶辅助技术、信息融合技术、信息安全与隐私保护技术、智能座舱技术等。

1. 环境感知技术

环境感知包括汽车本身状态感知、道路感知、行人感知、交通信号感知、交通标志感知、交通状况感知和周围汽车感知等。

（1）**汽车本身状态感知**。汽车本身状态感知包括感知行驶速度、行驶方向、行驶状态和汽车位置等。

（2）**道路感知**。道路感知包括道路类型检测、道路标线识别、道路状况判断、是否偏离行驶轨迹等。

（3）**行人感知**。行人感知主要判断汽车行驶前方是否有行人，包括白天行人识别、夜晚行人识别、被障碍物遮挡的行人识别等。

（4）**交通信号感知**。交通信号感知主要是指自动识别交叉路口的信号灯，并高效通过交叉路口等。

（5）**交通标志感知**。交通标志感知主要是指识别道路两侧的交通标志（如限速和弯道等），及时提醒驾驶人注意。

（6）**交通状况感知**。交通状况感知主要是指检测道路交通拥堵情况、是否发生交通事故等，以便选择通畅的路线行驶。

（7）**周围汽车感知**。周围汽车感知主要检测汽车前方、后方和侧方的汽车情况，避免发生碰撞，也包括交叉路口被障碍物遮挡的汽车。

在复杂的路况交通环境下，单一传感器无法完成环境感知，需要整合各种类型的传感器，利用传感器融合技术，为智能网联汽车提供更加真实可靠的路况环境信息。

2. 无线通信技术

无线通信技术包括长距离无线通信技术和短距离无线通信技术。

（1）**长距离无线通信技术**。长距离无线通信技术用于提供即时的互联网接入，主要采用4G/5G技术，特别是5G技术有望成为车载长距离无线通信专用技术。

（2）**短距离无线通信技术**。短距离无线通信技术有专用短程通信技术、LTE-V、蓝牙和Wi-Fi等，其中专用短程通信技术和LTE-V可以实现在特定区域对高速运动下移动目标的识别和双向通信（如V2V、V2I双向通信），实时传输图像、语音和数据信息等。

3. 智能互联技术

当两辆汽车距离较远或被障碍物遮挡，无法直接通信时，可以通过路侧单元传递信息，构成一个无中心、完全自组织的车载自组织网络。车载自组织网络依靠短距离通信技术实现 V2V 与 V2I 之间的通信，它是在一定通信范围内汽车可以相互交换车速和位置等信息及车载传感器感知的数据，并自动连接建立一个移动的网络。典型智能互联技术应用包括行驶安全预警、交叉路口协助驾驶、交通信息发布及基于通信的纵向控制等。

4. 车载网络技术

车载网络是采用汽车内部传感器、控制器和执行器之间的通信用点对点的连线方式连成的复杂的网络。汽车上应用广泛的车载网络有 CAN、LIN、FlexRay 和 MOST 总线等，它们的特点是传输速率低、带宽小。随着汽车使用的高清视频应用（如 ADAS、360°全景泊车系统和蓝光 DVD 播放系统等）越来越多，上述车载网络的传输速率和带宽已无法满足需要。以太网最有可能进入智能网联汽车，它采用星形连接架构，每个设备或每条链路都可以专享 100MB 带宽。同时，以太网可以顺应未来汽车行业的发展趋势，即满足开放性、兼容性原则，可以容易地将现有的应用嵌入新的系统。

5. 先进驾驶辅助技术

先进驾驶辅助技术的原理是采用汽车环境感知技术和自组织网络技术对道路、汽车、行人、交通标志和交通信号灯等进行检测和识别，对识别信号进行分析处理并传输给执行机构，保障汽车安全行驶。先进驾驶辅助技术是智能网联汽车重点发展的技术，其成熟程度和使用率代表了智能网联汽车的技术水平，是其他关键技术的具体应用体现。

6. 信息融合技术

信息融合技术是指在一定准则下，利用计算机技术分析和综合多源信息，以实现不同应用的分类任务而进行的处理过程。该技术主要用于对多源信息进行采集、传输、分析和综合，依据某种准则对不同数据源在时间和空间上的冗余或互补信息进行组合，产生完整、准确、及时、有效的综合信息。智能网联汽车采集和传输的信息种类多、数量大，只有采用信息融合技术才能保证信息的实时性和准确性。

7. 信息安全与隐私保护技术

智能网联汽车接入网络的同时，带来了信息安全问题。在应用中，每辆汽车及其车主的信息都将随时随地传输到网络中并被感知，这种暴露在网络中的信息很容易被窃取、干扰甚至修改等，将直接影响智能网联汽车体系的安全性。因此，必须重视对智能网联汽车的信息安全与隐私保护技术的研究。

8. 智能座舱技术

智能座舱系统是以车联网为依托，集合丰富的车载传感器、控制器、网络传感器、云端数据、算力资源，基于人工智能技术和先进的人机交互技术，提供友好的人机交互界面，提升汽车行驶安全性、通信感知能力、用户体验的汽车座舱软硬件集成系统。它主要由人机交互系统、环境控制系统、影音娱乐系统、信息通信系统和导航定位系统等组成。

从汽车座舱升级路径情况来看，座舱产品正处于智能时代初级阶段。现阶段，大部分座舱产品都采用分布式离散控制，即操作系统相互独立，核心技术体现为模块化、集成化设计。未来，随着高级别自动驾驶的逐步应用，芯片和算法等性能提高，座舱产品将进一步升级、一芯多屏、多屏互融、立体式虚拟呈现等技术将普及，核心技术体现为进一步集成智能驾驶的能力。

2.3.9 智能网联汽车的发展趋势

智能网联汽车技术正向着人工智能化、尺寸小型化、成本低廉化、动力电动化、信息互联化和高可靠性方向发展，主要涉及环境感知技术、决策规划技术、汽车控制技术及相关智能技术等。

1. 环境感知技术

77GHz 毫米波雷达或 79GHz 毫米波雷达将取代 24GHz 毫米波雷达，其天线尺寸更小、角分辨率更高，且芯片材料将向着互补金属氧化物材料发展；激光雷达将向着固态激光雷达、更高的探测距离和分辨率、更小的尺寸和更低的成本方向发展；视觉传感器将沿着深度学习的技术路线，向模块化、可扩展、全天候方向发展。

2. 决策规划技术

人工智能技术由机器学习、深度学习阶段向自主学习方向发展；人工智能算法芯片将对软硬件进行深度整合，使其拥有超强的计算能力、更小的体积、更低功耗，人工智能算法处理速率将大幅度提升。

3. 汽车控制技术

整车电子电气架构将向着跨域集中式电子架构和汽车集中式电子架构发展，分散的控制单元减少，取而代之的是应用先进算法的集中控制单元；汽车控制算法也由传统控制方法向基于模型预测控制、最优控制、神经网络控制和深度学习等的智能控制方法转变。

4. 自主式智能技术与网联式智能技术加速融合

网联式系统能从时间和空间维度突破自主式系统对汽车周边环境的感知能力。在时间维度采用 V2X 通信，网联式系统能够提前获知周围汽车的操作信息和交通信号灯等交通控制系统信息，以及气象条件和拥堵预测等更长期的未来状态信息。在空间维度采用 V2X 通信，网联式系统能够感知交叉路口盲区、弯道盲区和汽车遮挡盲区等的环境信息，帮助自动驾驶系统更全面地掌握周边交通态势。网联式智能技术与自主式智能技术相辅相成、互为补充，正在加速融合发展。

5. 智能新技术

人工智能中的深度学习、语义分割、边缘计算、大数据、云计算、边缘端、云端等新一代信息技术在智能网联汽车中的应用将不断深入，助推智能网联汽车快速发展。

2.4 节能与新能源汽车技术路线

2020 年，我国颁布了《节能与新能源汽车技术路线图 2.0》，引导我国未来汽车工业的发展。

1. 发展愿景

（1）重点突出以人工智能、云计算为代表的新技术和以数字经济、智能经济为代表的新业态，推动汽车产业全面变革；综合考虑逆全球化倾向对全球产业布局、我国产业安全的深刻影响。

（2）"汽车＋"深度融合发展、构建新型产业生态、保障产业安全和可持续竞争力将成为未来 10～15 年汽车产业发展的新趋势和新要求。

汽车的发展愿景如图 2.66 所示。

图 2.66　汽车的发展愿景

2. 总体目标

我国汽车产业面向 2035 年有以下六大总体目标。

（1）汽车产业碳排放总量先于国家碳减排承诺，于 2028 年左右提前达到峰值，到 2035 年碳排放总量与峰值相比下降 20% 以上。

（2）新能源汽车逐渐成为主流产品，汽车产业实现电动化转型。

（3）中国方案智能网联汽车技术体系基本成熟，产品大规模应用。

（4）关键核心技术自主化水平显著提升，形成协同高效、安全可控的产业链。

（5）建立汽车智慧出行体系，形成汽车、交通、能源、城市深度融合生态。

（6）技术创新体系优化完善，原始创新水平具备全球引领能力。

3. 主要里程碑

（1）2025 年。乘用车（含新能源汽车）新车油耗达到 4.6L/100km（WLTC 工况），货车油耗比 2019 年低 8% 以上，客车油耗比 2019 年低 10% 以上；传统能源乘用车新车平均油耗达到 5.6L/100km（WLTC 工况），混合动力电动新车占传统能源乘用车的 50% 以上；新能源汽车销量约占汽车总销量的 20%（2022 年提前完成）；氢燃料电池汽车保有量达到约 10 万辆；部分自动驾驶/有条件自动驾驶级智能网联汽车占汽车总销量的 50% 以上，高度自动驾驶级智能网联汽车开始进入市场，C－V2X 终端新车装备率达 50%。

（2）2030 年。乘用车（含新能源汽车）新车油耗达到 3.2L/100km（WLTC 工况），货车油耗比 2019 年低 10% 以上，客车油耗比 2019 年低 15% 以上；传统能源乘用车新车平均油耗达到 4.8L/100km（WLTC 工况），混合动力电动新车占传统能源乘用车的 75% 以上；新能源汽车销量约占总销量的 40%；氢燃料电池汽车保有量达到约 100 万辆；部分自动驾驶/有条件自动驾驶级智能网联汽车占汽车总销量的 70% 以上，高度自动驾驶级智能网联汽车占汽车总销量的20%以上，C-V2X终端新车装备基本普及。

(3) 2035年。乘用车（含新能源汽车）新车油耗达到2.0L/100km（WLTC工况），货车油耗比2019年低15%以上，客车油耗比2019年低20%以上；传统能源乘用车新车平均油耗达到4.0L/100km（WLTC工况），混合动力电动新车占传统能源乘用车的100%；新能源汽车成为主流，其销量占总销量的50%以上；氢燃料电池汽车保有量达到约100万辆；各类网联式高度自动驾驶级智能网联汽车广泛行驶于我国广大地区，中国方案智能网联汽车与智慧能源、智慧交通、智慧城市深度融合。

4．"1＋9"技术路线图

围绕汽车产业总体与节能汽车、纯电动汽车与插电式混合动力电动汽车、燃料电池电动汽车、智能网联汽车、动力电池、电驱动总成、充电基础设施、轻量化、智能制造与关键装备九大分技术领域开展研究，制定了"1＋9"技术路线图，如图2.67所示。

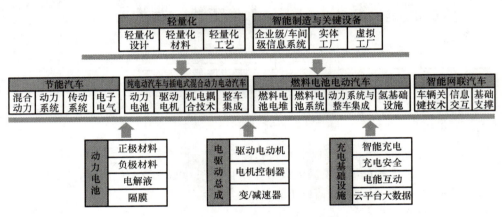

图2.67　"1＋9"技术路线图

5．重点领域技术路线图

节能汽车技术路线图如图2.68所示。

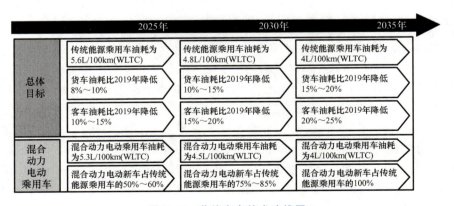

图2.68　节能汽车技术路线图

2035年，形成自主、完整的产业链，自主品牌纯电动汽车与插电式混合动力电动汽车占新能源汽车的95%以上。在纯电动汽车领域，实现纯电动技术在家庭用车、公务用车、出租车、租赁服务用车及短途商用车等领域的推广应用。纯电动汽车与插电式混合动力电动汽车技术路线图如图2.69所示。

		2025年	2030年	2035年
总体目标	产业链	形成自主可控、完整的新能源汽车产业链	进一步完善新能源汽车自主产业链	成熟、健康、绿色的新源汽车自主产业链
	销量	BEV和PHEV年销量占汽车总销量的15%~25%	BEV和PHEV年销量占汽车总销量的30%~40%	BEV和PHEV年销量占汽车总销量的50%~60%
		BEV销量占新能源汽车销量的90%的以上	BEV销量占新能源汽车销量的93%的以上	BEV销量占新能源汽车销量的95%的以上
	安全	新能源汽车的起火事故率小于0.5次/万辆	新能源汽车的起火事故率小于0.1次/万辆	新能源汽车的起火事故率小于0.01次/万辆
	质量	新能源新车购买一年内行业百车故障率平均值降至小于140个	新能源新车购买一年内行业百车故障率平均值降至小于120个	新能源新车购买一年内行业百车故障率平均值降至小于100个

BEV—纯电动汽车；PHEH—插电式混合动力电动汽车

图2.69 纯电动汽车与插电式混合动力电动汽车技术路线图

燃料电池电动汽车将发展氢燃料电池商用车作为氢能燃料电池行业的突破口，以客车和城市物流车为切入领域，重点在可再生能源制氢和工业副产氢丰富的区域推广中大型客车、物流车，逐步推广至载重量大、长距离运输的中重卡牵引车、港口拖车及乘用车等。2030—2035年，实现氢燃料电池电动汽车的大规模推广应用，燃料电池电动汽车保有量达到约100万辆；完全掌握燃料电池关键技术，建立完备的燃料电池材料、部件、系统的装备与生产产业链。燃料电池电动汽车技术路线图如图2.70所示。

		2025年	2030年	2035年
氢能燃料电池汽车	总体目标	基于现有储加注技术，各城市因地制宜，经济辐射半径约为150km；运行车辆约10万辆	突破新一代储运技术，突破加氢站数量瓶颈，城市间联网跨域运行，保有量约为100万辆	
		燃料电池系统产能超过1万套/企业	燃料电池系统产能超过10万套/企业	
	功能要求	冷起动温度达到-40℃，提高燃料电池功率，整车成本达到混合动力电动汽车水平	冷起动温度达到-40℃，燃料电池商用车的动力性、经济性及成本需达到燃油汽车水平	
	商用车	续驶里程≥500km 客车经济性≤5.5kg/100km 寿命≥40万千米，成本≤100万元	续驶里程≥800km 客车经济性≤5kg/100km 寿命≥100万千米，成本≤50万元	
	乘用车	续驶里程≥500km 经济性≤1.0kg/100km 寿命≥25万千米，成本≤30万元	续驶里程≥800km 经济性≤0.8kg/100km 寿命≥30万千米，成本≤20万元	

图2.70 燃料电池电动汽车技术路线图

动力电池包含能量型、能量功率兼顾型和功率型三大技术类别，涵盖乘用车和商用车两大应用领域，面向普及型、商用型和高端型三类应用场景，实现动力电池单体、系统集成、新体系动力电池、关键材料、制造技术及关键装备、测试评价、梯次利用及回收利用等产业链全覆盖。动力电池技术路线图如图2.71所示。

电驱动系统以纯电驱动总成、插电式机电耦合总成、商用车动力总成、轮毂、轮边电动机总成为重点，以基础核心零部件/元器件国产化为支撑，提升我国电驱动总成集成度和性能水平，2035年电驱动系统产品总体达到国际先进水平。电驱动系统技术路线图如图2.72所示。

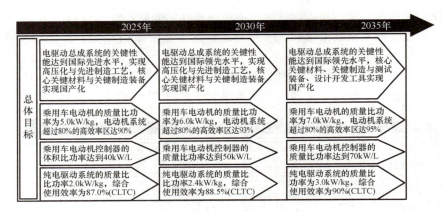

图 2.71 动力电池技术路线图

图 2.72 电驱动系统技术路线图

我国汽车工业的发展蓝图已经完成，要从汽车大国迈向汽车强国，离不开大量复合型汽车人才作为支撑。

思考题

1. 汽车主要由哪几部分组成？
2. 汽车的驱动形式有哪些？
3. 什么是新能源汽车？新能源汽车是如何分类的？
4. 什么是智能网联汽车？智能网联汽车是如何分级的？
5. 我国汽车产业面向 2035 年的总体目标是什么？
6. 分析我国目前智能化和网联化在汽车上的应用情况。

第3章 智能车辆工程的信息化技术

 教学目标

通过本章的学习，学生可以了解人工智能技术、大数据技术、云计算技术、区块链技术及其在智能网联汽车上的应用，拓宽知识视野，激发创新思维，提高信息素养，培养运用新一代信息技术解决问题的能力。

 教学要求

教学内容	能力要求	参考学时
汽车人工智能技术	了解人工智能的定义、人工智能的类型、人工智能在智能网联汽车上的应用	2~4
汽车大数据技术	了解大数据的定义、大数据的类型、大数据在智能网联汽车上的应用	
汽车云计算技术	了解云计算的定义、云计算的类型、云计算在智能网联汽车上的应用	
汽车区块链技术	了解区块链的定义、区块链的类型、区块链在智能网联汽车上的应用	

导入案例

《新能源汽车产业发展规划（2020—2035年）》的颁布，旨在加快推进汽车向电动化、智能化和网联化方向发展。为了实现汽车智能化和网联化，新一代信息技术将承担重要使命。自动驾驶是汽车产业与人工智能、大数据、云计算、区块链等新一代信息技术深度融合的产物，是全球汽车与交通出行领域智能化和网联化发展的主要方向，也是各国争抢的战略制高点。图3.1所示为人工智能技术在自动驾驶汽车中的应用示意。

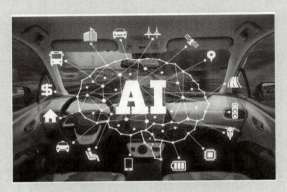

图3.1 人工智能技术在自动驾驶汽车中的应用示意

什么是人工智能技术、大数据技术、云计算技术、区块链技术？它们在智能网联汽车上有什么应用？通过本章的学习，学生可以得到答案。

3.1　汽车人工智能技术

人工智能产品在日常生活中无处不在，如智能手机、智能机器人、智能无人机、智能家居和智能汽车等，这些智能产品正在改变人们的生活，促进人类社会的进步。人工智能已经成为新一轮科技革命和产业变革的核心驱动力，对世界经济、社会进步和人们的生活产生了极其深刻的影响。人工智能在与5G、物联网、云计算、边缘计算的协同下，成为能够真正改变现有人类社会生产工艺的科学技术。

3.1.1　人工智能的定义

目前，人工智能没有统一的定义标准，在人工智能的发展过程中，不同学科背景的学者、不同发展阶段对人工智能有不同的理解。综合起来，可以从"能力""学科"和"实用"三个方面进行定义人工智能。从能力角度看，人工智能是指用人工方法在机器上实现的智能；从学科角度看，人工智能是研究构造智能机器或智能系统，使其模拟、延伸和扩展人类智能的学科；从实用角度看，人工智能是指机器实现所有目前只有借助人类智慧才能实现的任务。

当使用人工智能技术时,经常涉及"机器学习"和"深度学习"两个术语。如何理解人工智能、机器学习和深度学习的关系呢?

人工智能的原理是让计算机以某种方式模仿人类行为;机器学习是人工智能的一个子集,它的原理是通过数据训练出具有一定功能的模型,是实现人工智能的一种手段,也是目前主流的人工智能实现方法;深度学习是机器学习的一个子集,它是利用深度神经网络解决特征表达的一种学习过程,其动机在于建立、模拟人脑进行分析学习的神经网络,模仿人脑的机制解释数据(如图像、声音和文本等)。一般超过8层的神经网络模型称为深度学习。

机器学习是一种实现人工智能的方法,深度学习是一种实现机器学习的技术。人工智能、机器学习和深度学习的关系如图3.2所示。

图3.2 人工智能、机器学习和深度学习的关系

3.1.2　人工智能的类型

人工智能分为弱人工智能、强人工智能和超人工智能。

1. 弱人工智能

弱人工智能只专注于完成某个特定任务,如语音识别、图像识别和翻译等,是擅长单个方面的人工智能。其只用于解决特定的具体类的任务问题(主要是统计数据),以归纳出模型。弱人工智能减轻了人类智力劳动,类似于高级仿生学。无论是阿尔法围棋(AlphaGo)还是撰写新闻稿和小说的机器人都属于弱人工智能,它们的能力仅在某些方面超过了人类。

2. 强人工智能

强人工智能属于人类级别的人工智能,在各方面都能与人类比肩,能够进行思考、计划、解决问题、抽象思维、理解复杂理念、快速学习和从经验中学习等,并且像人类一样得心应手,让机器人全方位实现类人的能力。

3. 超人工智能

超人工智能在几乎所有领域都比人类大脑聪明得多,包括科学创新、通识和社交技能。在超人工智能阶段,人工智能的计算能力和思维能力远超人类大脑。此时,人工智能已经不是人类可以理解和想象的,其将打破人类大脑受到的维度限制,人类大脑已经无法理解其观察和思考的内容。

目前,人工智能处于弱人工智能阶段,正逐渐向强人工智能阶段发展。

人工智能可以分为四个层级,分别是算法、研究方法(学派)、技术领域和应用领域,如图 3.3 所示。

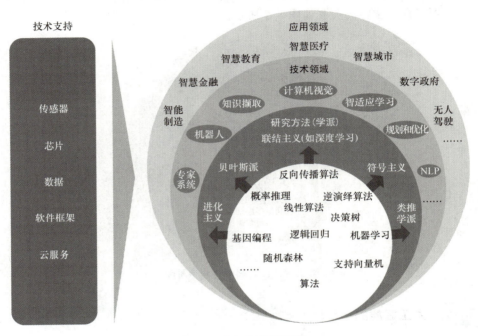

图 3.3 人工智能的层级

3.1.3 人工智能在智能网联汽车上的应用

人工智能与智能网联汽车的自动驾驶技术密切相关,主要体现在环境感知方面、行为决策与路径规划方面、汽车控制方面等。

1. 环境感知方面

人工智能:基于强化学习汽车驾驶技术

自动驾驶汽车面临的环境感知包括路面路缘检测、车道线检测、护栏检测、交通标志检测、交通信号灯检测,以及重中之重的行人检测、机动车检测和非机动车检测等。对于如此复杂的路况检测和目标检测,普通算法难以满足要求。基于人工智能的深度学习可以满足视觉感知的高精度需求,基于深度学习的计算机视觉,自动驾驶汽车可获得接近人类的感知能力。研究报告表明,在算法和样本量足够的前提下,基于深度学习的视觉感知的准确率可以达到99.9%以上,而人类感知的准确率一般为95%。

2. 行为决策与路径规划方面

行为决策与路径规划是人工智能在自动驾驶汽车领域的一个重要应用,前期大量应用的决策树与贝叶斯网络都是人工智能技术。越来越多的研发机构将强化学习应用到自动驾驶的行为决策中。把行为决策分解成可学习部分与不可学习部分,可学习部分由强化学习决策行驶需要的高级策略;不可学习部分按照这些策略,利用动态规划实施具体的路径规划。

3. 汽车控制方面

与传统的汽车控制技术相比,智能控制方法主要体现在对控制对象模型和综合信息学习的运用上,包括神经网络控制和深度学习等,这些算法逐渐应用于自动驾驶汽车控制。其中,采用神经网络控制可以把控制问题看成模式识别问题,而采用深度神经网络学习,以避免出现人工选取特征的繁复冗杂和高维数据的维度灾难问题。因为自动驾驶系统最终要尽量减少人的参与或者没有人的参与,所以深度学习具有的自动学习状态特征的能力使其在自动驾驶系统中具有先天优势。

图 3.4 所示为基于人工智能的汽车检测和行人检测。

原始图像　　　　　　　　　检测结果

(a) 汽车检测

原始图像　　　　　　　　　检测结果

(b) 行人检测

图 3.4　基于人工智能的汽车检测和行人检测

3.2　汽车大数据技术

大数据资源如同农业中的土地和劳动力以及工业中的技术和资本,已经成为信息时代的重要基础性战略资源和关键生产要素,是推动经济发展质量变革、效率变革、动力变革的新引擎,不断加快人类社会在信息时代的前进步伐,逐步向智能化时代迈进。大数据是数据资源价值挖掘的动力源，全球主要国家和地区竞相开展大数据战略布局，推动大数据技术创新研发与产业应用落地，旨在以大数据为抓手，抢占数字经济时代全球竞争制高点。自动驾驶汽车与大数据技术有着密切的关系。

3.2.1 大数据的定义

大数据是指无法在一定时间范围内采用常规软件工具捕捉、管理和处理的数据集合，是只有采用新处理模式才能具有更强的决策力、洞察发现力和流程优化能力的信息资产。大数据是"未来的新石油"。

从对象角度看，大数据是数据规模超出传统数据库处理能力的数据集合；从商业模式角度看，大数据是企业获得商业价值的业务创新方向；从技术角度看，大数据是从海量数据中快速获得有价值信息的技术；从应用角度看，大数据是应用相关技术对特定数据集合获得价值的行为。

3.2.2 大数据的类型

大数据可以按数据来源和数据结构分类。

1. 按数据来源分类

按数据来源分类，大数据分为传统企业数据、机器和传感器数据、社交数据等。

（1）**传统企业数据**。传统企业数据包括客户关系管理系统的消费者数据，传统企业资源计划（Enterprise Resource Planning，ERP）数据、库存数据及账目数据等。

（2）**机器和传感器数据**。机器和传感器数据包括智能仪表和工业设备传感器产生的数据，以及设备日志和交易数据等。

（3）**社交数据**。社交数据包括用户行为记录和反馈数据等。

2. 按数据结构分类

按数据结构分类，大数据分为结构化数据和非结构化数据。

（1）**结构化数据**。结构化数据是能够用数据或统一结构表示的信息，如数字、符号等。在项目中，一般关系数据库保存和管理这些数据，当使用结构化查询语言时，计算机程序可以容易地搜索这些术语。结构化数据具有的明确关系使得运用这些数据十分方便，但在商业的可挖掘价值方面比较差。典型的结构化数据包括信用卡号码、日期、财务金额、电话号码、地址和产品名称等。结构化数据存储在关系数据库中，分析结构化数据的工具较成熟。

（2）**非结构化数据**。非结构化数据是数据结构不规则或不完整、没有预定义的数据模型，不方便用数据库二维逻辑表体现的数据。典型的人为生成的非结构化数据包括文本文件、电子邮件、社交媒体、网站、移动数据、通信、媒体和业务应用程序产生的数据等。非结构化数据存储在非关系数据库中，用于挖掘非结构化数据的工具正处于发展阶段，而且非结构化数据比结构化数据多得多。如果没有工具分析这些海量数据，数据就无法发挥有效作用。

随着存储成本的下降及新兴技术的发展，行业对非结构化数据的重视程度提高。比如物联网、工业4.0、视频直播产生了很多非结构化数据，人工智能、机器学习、深度学习、语义分析和图像识别等技术方向需要大量非结构化数据来开展工作。

3.2.3 大数据在智能网联汽车上的应用

自动驾驶汽车每行驶 8h 产生并消耗约 40TB 的数据，意味着自动驾驶汽车至少像依赖石油或电力一样依赖数据。自动驾驶汽车可以通过大数据分析作出明确、合理的决策，保证汽车安全行驶。随着自动驾驶程度的提高，为自动驾驶提供支持的技术更加复杂，从而需要更多数据。

自动驾驶主要依靠智能传感器感知周围环境信息，并自行做出驾驶行为决策，控制汽车到达既定目的地。其核心在于深度的人工智能算法，且依靠海量大数据和高性能计算。

1. 自动驾驶汽车搜集数据的方法

自动驾驶汽车使用各种内置传感器搜集数据。在自动驾驶汽车中，来自各种内置传感器的数据可以在毫秒内得到处理和分析，使得汽车不仅可以从 A 地安全行驶到 B 地，而且可以将路况信息传输至云端，从而传输至其他汽车。

2. 帮助自动驾驶汽车搜集数据的传感器

为了观察和感知周围的一切，自动驾驶汽车通常使用摄像头、毫米波雷达和激光雷达三种传感器。摄像头可帮助汽车获得周围环境的 360°视图。不仅如此，现代摄像头还可以提供逼真的三维图像来识别行人和物体，并确定其距离，但恶劣的天气条件、损坏的交通标志和对比度不足会影响摄像头的性能。天气条件不会影响毫米波雷达，它可以检测移动物体，实时测量距离和速度。激光雷达可以创建周围环境的三维图像并绘制地图，从而在汽车周围创建 360°视图。

在自动驾驶过程中，分析自动驾驶汽车数据的软件很重要。连接网络后，自动驾驶汽车不仅可以将所有传感器的数据都传输到云端，而且可以立即对情况做出响应。

3. 自动驾驶汽车处理大数据的方法

自动驾驶汽车必须有传感器、人工智能软件和云服务器。自动驾驶汽车通过定位技术确定自己的坐标位置，并结合来自内部传感器的数据确定速度和方向；同时，需要在地图中定位，包括标志、标记、车道和障碍物。利用搜集的数据，自动驾驶汽车可以针对道路的许多情况制定策略。自动驾驶汽车之间的数据共享有助于避免交通堵塞、应对紧急情况。

4. 大数据对自动驾驶汽车的作用

（1）**环境感知**。尽管自动驾驶汽车配有激光雷达和视觉传感器，能够感知周围的环境，但如果不能获得可靠的数据流以及了解周围的情况和未来的预判，自动驾驶汽车就会存在安全风险。未来的自动驾驶汽车可以依靠传感器和已有大数据，有效融合不同数据，建立基于大数据的感知系统，保证汽车安全行驶。

（2）**驾驶行为决策**。在简单路况下行驶时，采用基于规则判定的驾驶行为决策。而在未来更复杂的环境（包括拥堵情况）中，基于数据驱动的驾驶行为决策会成为发展主流。大数据已在交通行业实现商业化应用，如采集车速、安全带使用、制动、加速习惯及下班后的用车习惯等相关信息。若该类数据可以共享并用于自动驾驶，则研发人员可将其用于机器学习，更精确地定位汽车及掌握路况，从而提升自动驾驶的安全性，降低事故发生率。

将海量数据高效地传输到运营点和云集群中，成体系地组织全部海量数据，快速搜索，灵活应用，可为数据流水线和业务应用（如训练平台、仿真平台、汽车标定平台）提供数据支撑均涉及大数据技术。

云计算是推动实现按需供给、提高信息化建设利用水平的新技术、新模式、新业态，并能够为互联网、大数据和人工智能等领域发展提供重要的基础支撑。我国云计算行业正处于高速增长阶段，云服务应用逐渐从互联网行业向制造、政务、金融、教育、医疗等传统行业渗透，企业利用云计算加快数字化、网络化、智能化转型，云计算行业的发展前景广阔。

3.3 汽车云计算技术

3.3.1 云计算的定义

云计算没有统一的定义。简单来说，**云计算就是集中很多计算机资源和服务，人们只要连接互连网，就能轻易、方便地访问基于云的应用信息，省去安装和维护的烦琐操作。**

美国国家标准与技术研究院对云计算的定义：云计算是一种按使用量付费的模式，这种模式提供可用的、便捷的、按需的网络访问，进入可配置的计算资源共享池（资源包括网络、服务器、存储、应用软件、服务），这些资源能够被快速提供，只需投入很少的管理工作或与服务供应商进行很少的交互。

云计算是一种分布式计算技术，其原理是先通过网络将庞大的计算处理程序自动分拆成无数个较小的子程序，再交由多部服务器组成的庞大系统经搜索、计算分析，将处理结果回传给用户。网络服务提供者可以采用云计算技术在数秒内处理数以千万计甚至数以亿计的信息，达到与超级计算机相似效能的网络服务。

云计算是一种资源交付和使用模式，通过网络获得应用所需资源。因为提供资源的网络在某些方面具有现实中云的特征（云一般较大，且可以动态伸缩，它的边界是模糊的；云在空中飘忽不定，无法也无须确定具体位置，但又的确存在于某处），所以称为"云"。"云"中的资源在使用者看来是可以无限扩展的，并且可以随时获取、按需使用、随时扩展。

3.3.2 云计算的类型

云计算作为发展中的概念，没有统一的分类方法。根据目前业界基本达成的共识，可以从不同角度对云计算进行分类。

1. 按部署方式分类

按部署方式分类，云计算主要分为私有云、公共云（或公有云）和混合云。

（1）**私有云**。私有云是专供一家企业或组织使用的云计算资源，可以有效控制数据、安全性和服务质量。私有云一般部署在自家数据中心，也可以付费给第三方供应商托管。私有云极大地保证了安全性，很多企业都构建了自己的私有云。

（2）**公共云（或公有云）**。公共云是基于标准云计算的一种模式，其中服务供应商创造资源（如应用和存储），公众可以通过网络获取这些资源。

（3）**混合云**。混合云是私有云与公共云的结合，通过技术手段支持数据和应用程序在两者之间迁移，能够为企业提供更高的灵活性和更多的部署选项。由于并非所有企业信息都能放到公共云上，因此大部分已经应用云计算的企业都使用混合云。

2. 按服务模式分类

按服务模式分类，云计算主要分为基础设施即服务、平台即服务和软件即服务，分别为客户提供构建云计算的基础设施、云计算操作系统、云计算环境下的软件和应用服务。

（1）**基础设施即服务**。基础设施即服务的原理是通过软件平台提供类似于互联网数据中心的基础设施资源池，并从中分配主机、网络和存储等资源，使得基础设施资源具备弹性扩展的能力，大幅度提升资源交付效率和密度，降低成本。

（2）**平台即服务**。平台即服务可基于基础设施即服务平台或物理基础设施提供软件开发组件，如数据库、消息队列、负载均衡和缓存服务等平台。近年来，平台即服务的定义范围扩展到业务编排、调度服务，与微服务架构配合可以实现业务的自发现、自运维和自恢复等。

（3）**软件即服务**。软件即服务的原理是通过网络为用户直接提供软件服务，用户不需要关心软件运行位置及部署、维护的方式。

3. 按行业类别分类

按行业类别分类，云计算可以分为政务云、医疗云和金融云等。行业云是以公共云的建设模式、私有云的个性化标准，基于基础设施即服务、平台即服务、软件即服务构建的个性化的行业解决方案。

（1）**政务云**。政务云是指基于云计算技术，统筹利用已有计算资源、存储资源、网络资源、信息资源和应用支撑等，统一建设的为政务部门提供基础设施、支撑软件、应用功能、信息资源、运行保障和信息安全等服务的电子政务综合性服务平台。

（2）**医疗云**。医疗云是在医疗护理领域，采用云计算相关技术和服务理念构建医疗保健服务的系统。借助医疗云平台，多家医院之间可以共享由大量系统连接形成的基础设施资源池，降低医院的运行成本，提高效率。

（3）**金融云**。金融云的原理是采用云计算的模型及原理，将金融产品、信息、服务分散到由庞大分支机构构成的云网络中，从而提高金融机构迅速发现并解决问题的能力，提升整体工作效率。金融云可以帮助金融客户实现从传统IT向云计算转型，实现业务互联网化，助力金融客户业务创新。

3.3.3 云计算在智能网联汽车上的应用

因为智能网联汽车（自动驾驶汽车）上的传感器将产生大量数据，所以自动驾驶汽车离不开云服务。未来，"云＋汽车"将成为一种信息、数据的采集工具。汽车先将搜集的数据回传到云端并进行深度学习，再通过远程升级为汽车带来新的能力，而汽车也能产生新的数据，通过这种循环可以打造更安全的自动驾驶。

在自动驾驶汽车实际行驶过程中产生的数据对远程故障诊断、定期检

车路云一体化

测来说是必不可少的。但海量的数据存储、备份和分析将带来成本压力。利用云端存储和大数据分析能力可以极大降低这方面的成本，并且可以降低由数据丢失导致的风险。其中，云端实时处理自动驾驶汽车传来的数据并进行目标识别、更新数据，把相应的数据传输给自动驾驶汽车等均涉及云计算技术。

自动驾驶汽车的功能设计、开发和测试环境的维护成本都很高，但使用效率不高。使用云计算技术，可以快速地在云端搭建起虚拟开发测试环境，一旦新的功能和服务开发测试完成，就可以直接通过云端推送给用户。在云端实现自动驾驶算法的研发流程（开发、训练、验证、调试），可以大幅度提升算法迭代效率。云计算技术对自动驾驶非常重要。

因此，大数据让自动驾驶汽车具备驾驶经验；云计算不但使自动驾驶汽车学习驾驶经验成为可能，而且使自动驾驶汽车在行驶过程中具有整个交通全局的信息视野和决策能力。

某公司发布的"V2X＋智慧高速"系统（也称车路协同智慧高速系统）应用了云计算技术。它不仅提供高速智慧监管技术支撑，还能在多方面满足汽车的智能出行需求。针对自动驾驶汽车，提供超视距路况感知功能，有效弥补了单车智能的感知盲点；针对智能网联汽车，提供基于V2X通信的先进驾驶辅助功能，能够有效保证主动安全，提升交通效率；针对社会汽车，用户只需安装方案提供的App就可以体验部分先进驾驶辅助功能，有效减少交通事故。"V2X＋智慧高速"系统架构如图3.5所示，其主要包括智慧高速云控平台、智能网联道路管理系统、车载终端（车端）。根据不同的应用场景，该系统提供四层计算架构：车端计算、路侧边缘计算、中心云计算、移动端计算。

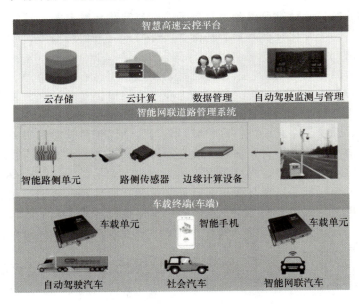

图3.5 "V2X＋智慧高速"系统架构

智慧高速云控平台主要包含云存储、云计算、数据管理、自动驾驶监测与管理等功能；智能网联道路管理系统主要由智能网联路侧单元、路侧传感器、边缘计算设备组成，集成了感知、高精度定位和V2X通信等功能；车载终端（车端）主要由车载单元与智能手机组成，主要集成了V2X通信、V2X算法决策、App终端显示和自动驾驶控制等功能。

3.4 汽车区块链技术

区块链技术被认为是最有潜力、最有想象力的一种技术革新。区块链开创了一种在不可信的竞争环境中低成本地建立信任的新型计算范式和协作模式,凭借独有的信任建立机制,其可实现穿透式监管和信任逐级传递。区块链源于加密数字货币,正向垂直领域延伸,蕴含着巨大的变革潜力,有望成为数字经济信息基础设施的重要组件,正在改变诸多行业的发展图景。

3.4.1 区块链的定义

区块链也称分布式账本技术,是一种由多方共同维护,使用密码学保证传输和访问安全,能够实现数据一致存储、难以篡改、防止抵赖的记账技术。典型的区块链以块-链结构存储数据。作为一种在不可信的竞争环境中低成本地建立信任的新型计算范式和协作模式,区块链凭借独有的信任建立机制,正在改变诸多行业的应用场景和运行规则,是未来发展数字经济、构建新型信任体系不可或缺的技术。

区块链是利用块链式数据结构验证与存储数据、利用分布式节点共识算法生成和更新数据、利用密码学的方式保证数据传输和访问的安全性、利用由自动化脚本代码组成的智能合约编程和操作数据的一种全新的分布式基础架构与计算方式。

3.4.2 区块链的类型

区块链是一个分布式去中心化的账本,有些信息需要完全公开且无法篡改,如一批疫苗的研发、生产和销售过程;但是有些信息不需要向全网播报,也不希望所有人知道,比如拿到驾驶证后,只需要教练和交通管理局验证这条信息,达到信用共识,而不需要无关紧要的人确认这条信息的真假。区块链分为公有链、私有链和联盟链。

1. 公有链

公有链人人可参与,典型代表是比特币和以太坊。

(1) **公有链的特征**。公有链系统最开放,数据公开、透明,只要达成共识,将无法篡改。任何人都可以参与区块链数据的维护和读取,容易部署应用程序,完全去中心化,不受任何机构控制。

(2) **公有链的优点**。公有链最大的优点就是去中心化和安全性。目前比较出名的数字货币,如比特币、以太币和瑞波币等都是使用公有链来运行的。由此可见,这些数字货币的安全性很高,但不受控制。

(3) **公有链的缺点**。尽管公有链很好、很安全,但这么多随意出入的节点是很难达成共识的,因为有些节点可能随时宕机,"黑客"也可能伪造很多虚假的节点,所以公有链有一套很严格的共识机制。公有链的最大问题就是共识问题,其直接导致公有链处理数据的速度问题。

2. 私有链

私有链仅限个人或公司内部参与,典型代表是多链币。

(1) **私有链的特征**。私有链系统最封闭，仅限于企业、国家机构或者单独个体内部使用，虽然不能完全解决信任问题，但是可以改善可审计性。私有链有准入门槛，信任度高，交易更快；保护个人隐私，不是所有拥有网络的人都能获得你的数据。

(2) **私有链的优点**。私有链可以完全由自己定制策略，因此速度极高。

(3) **私有链的缺点**。私有链不具备去中心化功能。

3. 联盟链

联盟链仅限联盟成员参与，典型代表是 R3 联盟链、原本链。

(1) **联盟链的特征**。联盟链系统半开放，只有注册许可才能访问。联盟链只是部分去中心化的，因为每个联盟都存在自己的中心化。从使用对象来看，联盟链仅限于联盟成员参与，联盟规模可以大到国与国之间，也可以是不同的机构企业之间。

(2) **联盟链的优点**。联盟链的优点是比公有链的处理速度高，节点的数量和身份都已经规定好，可以使用相对松散的共识机制。

(3) **联盟链的缺点**。尽管联盟链速度提高，但与公有链相比，联盟链不是完全去中心化的，在理论上联盟之间可以联合起来修改区块链数据。

3.4.3 区块链在智能网联汽车上的应用

区块链在自动驾驶汽车上的应用还处于探索阶段，未来可能在以下方面得到应用。

1. 解决自动驾驶的安全信任问题

全球汽车数量持续增长，自动驾驶的安全事故、自动驾驶决策的信任问题日益突显。为解决这些问题，可以通过区块链的加密及去中心化特征，不断增强用户对自动驾驶数据的信任。

(1) 安全始终是自动驾驶技术的重要考量因素。区块链记录的汽车传感数据、行驶记录及人为干预的数据都将被认证且不可篡改，保证了汽车事故后的清晰追责。

(2) 尽管还未发现自动驾驶汽车被"黑客"攻击或者人为干扰的情况，但并不代表自动驾驶的数据不能被攻破。区块链的数据被分布式记录，只有在80%的区块同时遭受攻击时才可能篡改数据，因此，区块链上的自动驾驶通信信息具有更高的可靠性和安全度。

(3) 区块链可以为自动驾驶提供更高效的数据传播效果。自动驾驶的本质是汽车不断获得来自路况、汽车本身及周围汽车和行人等反馈的数据信息，传统的物联网通信协议将使得这种数据通信变得极为复杂。而区块链具有分布式分类记账方式，可以让网络中的任何节点同时准确访问任何数据，创建分布式汽车网络并无缝地点对点传输数据，可更好地构建自动驾驶的安全网络环境。

2. 加速自动驾驶测试数据的验证进程

先期布局自动驾驶的汽车企业几乎掌握了最大规模的自动驾驶测试数据，成为数据的垄断者，具有竞争优势。区块链的分布式账本技术可以从不同品牌的汽车制造商、大型车队、私家车主获取自动驾驶记录，通过这种"众包"方式加速自动驾驶测试数据的验证进程。同时，由于是这些设备的所有者主动上传数据，因此区块链可以确认这些数据由其生产者（如个人、车队、制造商、城市路政交通部门）拥有和控制。

3. 自动驾驶实现更好的车路协同

单车的自动驾驶智能系统已经进入一个瓶颈点,尽管其已经达到非常高的水平,但是投入的成本越来越高,成效越来越小。车路协同便成为以更小代价解决更复杂的场景问题的方案。在车载系统、云端平台和路网系统中加入区块链技术,可以提高汽车感知数据、云端预测分析及路网信息传输的整体效率。例如,一辆自动驾驶汽车将不再完全从云端数据库读取(所处地区高精准地图),而通过与当前分布式记录的边缘侧数据中心通信,高效获取地图信息,完成道路信息的识别和判断。

4. 加快实现汽车共享

近年来,随着汽车共享概念逐渐落实与普及,电子移动技术正在推动交通领域的发展,将区块链技术引入汽车移动空间,从充电站到支付解决方案都接入区块链,可以更好地减少交通拥堵和汽车污染、缩短通勤时间、降低运营成本。在汽车共享上应用区块链技术,旨在利用区块链技术降低汽车共享平台的使用成本,可以用来记录汽车的所有权,还可以处理某些特定类型的金融交易。

可以阅读本书编者编写的《面向汽车的新一代信息技术》,进一步了解智能车辆工程的信息化技术相关知识。

1. 什么是人工智能技术?人工智能技术在智能网联汽车上有哪些应用?
2. 什么是大数据技术?大数据技术在智能网联汽车上有哪些应用?
3. 什么是云计算技术?云计算技术在智能网联汽车上有哪些应用?
4. 什么是区块链技术?区块链技术在智能网联汽车上有哪些应用?

第 4 章
智能网联汽车产业的人才岗位

通过本章的学习,学生可以了解智能网联汽车的技术架构和岗位方向,以及车辆关键技术领域岗位、信息交互关键技术领域岗位、基础支撑技术领域岗位、生产制造领域岗位和应用服务领域岗位的岗位能力要求,为智能车辆工程专业人才培养和课程设置提供参考。

教学要求

教学内容	能力要求	参考学时
智能网联汽车的技术架构和岗位方向	了解智能网联汽车的技术架构和智能网联汽车产业的岗位方向	2~3
车辆关键技术领域岗位	了解感知算法工程师、智能传感设备标定工程师、决策控制算法工程师、线控底盘系统工程师、智能汽车仿真软件工程师、系统集成架构工程师、智能交互系统工程师的岗位能力要求	
信息交互关键技术领域岗位	了解车联网通信系统工程师、大数据开发工程师、车联网平台系统集成工程师、车路协同系统架构工程师、V2X算法工程师、车路协同硬件设计工程师的岗位能力要求	
基础支撑技术领域岗位	了解安全算法工程师、导航定位算法工程师、高精度地图数据采集处理工、智能化系统测试工程师、算法测试工程师、智能网联汽车测试评价工的岗位能力要求	
生产制造领域岗位	了解智能网联汽车系统装调工的岗位能力要求	
应用服务领域岗位	了解路侧设施与交通信息网络建设工的岗位能力要求	

第 4 章 智能网联汽车产业的人才岗位

导入案例

智能网联汽车是发展方向,燃油汽车相关人才主要掌握汽车设计、汽车生产、汽车销售和汽车服务知识,而智能网联汽车相关人才除了需要掌握汽车设计、汽车生产、汽车销售和汽车服务知识,还需要掌握网络通信服务、软件开发、软件测试、电子设备安装、电子设备调试、电子设备测试和电子技术服务等知识,如图 4.1 所示。

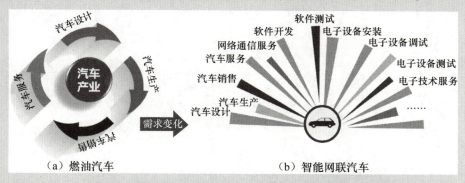

图 4.1 燃油汽车和智能网联汽车相关人才需要掌握的知识

智能网联汽车产业有哪些岗位方向?这些岗位的岗位职责和岗位能力要求是怎样的?通过本章的学习,学生可以得到答案。

4.1 智能网联汽车的技术架构和岗位方向

智能网联汽车产业的岗位方向与智能网联汽车的技术架构密切相关,与传统汽车产业的岗位有着本质区别。

4.1.1 智能网联汽车的技术架构

智能网联汽车涉及汽车、信息、网络、通信、控制和交通等领域技术,其技术架构较复杂。在《智能网联汽车技术路线图 2.0》中,智能网联汽车具有"三横两纵"关键技术架构,如图 4.2 所示。

"三横"是指智能网联汽车主要涉及的车辆关键技术、信息交互关键技术与基础支撑关键技术,"两纵"是指支撑智能网联汽车发展的车载平台与基础设施。车辆关键技术包括环境感知技术、智能决策技术、控制执行技术与系统设计技术;信息交互关键技术包括专用通信与网络技术、大数据云控基础平台技术与车路协同技术;基础支撑关键技术包括人工智能技术、安全技术、高精度地图和定位技术、测试评价技术与标准法规。

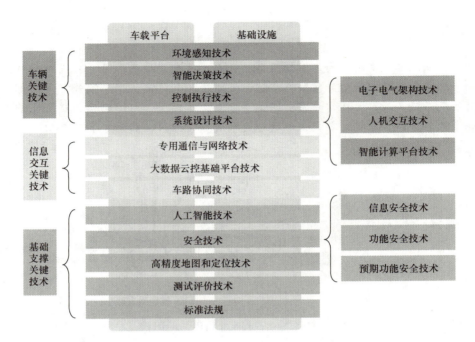

图 4.2 智能网联汽车的"三横两纵"关键技术架构

4.1.2 智能网联汽车产业的岗位方向

智能网联汽车新技能人才发展趋势

工业和信息化部人才交流中心等单位发布的《智能网联汽车产业人才岗位能力要求》以智能网联汽车的技术架构为依据，聚焦智能网联汽车的5个方向主要岗位，共提出21个具体岗位的能力要求。车辆关键技术、信息交互关键技术、基础支撑技术三个方向岗位群主要覆盖智能网联汽车产业链上游和中游的零部件商、基础技术供应商、网络运营商、平台商等企业的人才需求；生产制造和应用服务两个方向岗位群主要覆盖智能网联汽车产业链下游的整车厂、代理商和第三方服务商等企业的人才需求。智能网联汽车产业的岗位方向见表4-1。

表4-1 智能网联汽车产业的岗位方向

序号	技术领域		岗位名称
1	车辆关键技术	环境感知技术	感知算法工程师
2			智能传感设备标定工程师
3		智能决策技术	决策控制算法工程师
4		控制执行技术	线控底盘系统工程师
5			智能汽车仿真软件工程师
6		系统设计技术	系统集成架构工程师
7			智能交互系统工程师

续表

序号	技术领域		岗位名称
8	信息交互关键技术	专用通信与网络技术	车联网通信系统工程师
9		大数据云控基础平台技术	大数据开发工程师
10			车联网平台系统集成工程师
11		车路协同技术	车路协同系统架构工程师
12			V2X算法工程师
13			硬件设计工程师
14	基础支撑技术	安全技术	安全算法工程师
15		高精度地图和定位技术	导航定位算法工程师
16			高精度地图数据采集处理工
17		测试评价技术	智能化系统测试工程师
18			算法测试工程师
19			智能网联汽车测试评价工
20		生产制造	智能网联汽车系统装调工
21		应用服务	路侧设施与交通信息网络建设工

4.2 车辆关键技术领域岗位

车辆关键技术领域岗位包括感知算法工程师、智能传感设备标定工程师、决策控制算法工程师、线控底盘系统工程师、智能汽车仿真软件工程师、系统集成架构工程师和智能交互系统工程师。车辆关键技术领域岗位是智能车辆工程专业学生培养的主要目标。

4.2.1 感知算法工程师

环境感知技术的原理是利用摄像头、毫米波雷达、激光雷达和超声波雷达等车载传感器及V2X通信系统感知周围环境,检测和识别道路、车辆、行人、交通标志和交通信号灯等,为智能网联汽车提供决策依据。

感知算法工程师负责研发智能网联汽车感知算法及解决问题,包含但不限于感知、视觉、传感器融合、状态估计、物体感知、分类和跟踪等。"算法人"已经成为汽车企业的"心动嘉宾"。

感知算法工程师的岗位能力要求见表4-2,包括综合能力、专业知识、技术技能、工程实践四个维度。

表 4-2 感知算法工程师的岗位能力要求

维度	岗位能力要求
综合能力	具备较强的英文文献阅读能力，具有较强的科技信息检索能力
	具备很强的前沿算法复现能力，能够基于应用场景需求设计环境感知方案
	能够根据业务需求与趋势分析，把握业务场景，对需求进行精准提炼
专业知识	掌握计算机视觉、模式识别、深度学习、三维视觉、点云处理等相关技术知识
	熟悉视觉传感器、激光雷达、毫米波雷达、惯性测量单元等多传感器融合算法知识
技术技能	具备良好的编程能力，熟悉开源操作系统（Linux）、机器人操作系统（ROS），掌握 C/C++、Python 等编程语言
	掌握主流深度学习框架，包括 TensorFlow 框架（用于机器学习的开源框架，可以快速构建神经网络，同时快捷地进行网络训练、评估与保存）、PyTorch 框架（开源的 Python 机器学习库）、卷积神经网络框架（Caffe）等
	具备良好的算法设计与实现能力，熟悉 Boost（可移植、提供源代码的 C++ 库）、支持向量机（SVM）、卷积神经网络（CNN）、循环神经网络（RNN）、Transformer 等算法
	掌握网络设计与优化、模型压缩与剪枝、大规模数据集处理等技术
	掌握多传感器的标定算法开发，包括静态标定、动态标定算法开发
	理解感知融合结果的评测，能够进行数据分析和算法优化
工程实践	具备障碍物检测、运动目标跟踪、交通信号灯识别、道路标志识别、车道线检测、行人行为预测等场景的相关经验
	具备驾驶人疲劳分心监测、儿童遗忘检测、人脸识别、手势识别、视线追踪等智能座舱场景的相关经验

4.2.2 智能传感设备标定工程师

传感器标定通过实验确立传感器的输出量与输入量的关系，同时确定不同使用条件下的误差关系。

智能传感设备标定工程师负责智能传感设备的筛选、装调、测试、（联合）标定、数据采集、数据分析和功能测试等工作。

智能传感设备标定工程师的岗位能力要求见表 4-3。

表 4-3 智能传感设备标定工程师的岗位能力要求

维度	岗位能力要求
综合能力	具备较强的发现问题、分析问题和解决问题的综合能力，能够选择合适的传感器，选择合理的装调、标定和数据采集方法，解决智能传感设备标定工作中的实际问题
	具有较强的自我学习能力，保持对智能网联汽车、自动驾驶等前沿领域的关注，持续学习新知识、新技术、新工艺
	具备良好的沟通能力和团队合作能力，能够解决智能传感设备标定工作的相关问题

续表

维度	岗位能力要求
专业知识	具备机械材料、机械结构、机械加工和电工电子的相关知识
	掌握视觉传感器、激光雷达、毫米波雷达等多种传感设备的检测原理及标定方法,了解多传感器信息融合技术
	系统掌握控制器局域网络(CAN)、车载以太网、C-V2X等车联网通信协议和电气规格等相关知识
	了解多传感器数据层、任务层等融合的机器学习算法知识
技术技能	具备扎实的机电设备装调、故障诊断和系统集成的软硬件能力
	具备基本的计算机编程基础,如C/C++、Python、MATLAB等编程语言与开发环境
	具备扎实的标定工具箱或程序(算法)的应用能力,能够完成包括但不限于OpenCV、MATLAB棋盘格单目视觉传感器、双目视觉传感器等标定工作
	具备较强的数据处理能力,能够读取、分析感知设备的数据报文
	掌握一定的传感器驱动开发和维护技术,能够实现算法、开发完成系统并进行可重复性的实验,具备算法验证、开发、迭代和上线的能力
工程实践	具备一定的感知项目参与经验及机器学习构建系统研发经验
	能够结合客户实际面临的业务问题进行分析、选择解决方案和建模等流程,部署所需的标定系统和算法
	能够解答传感器标定中的疑问,能发现现有系统中的不足并提出合理的改进方案

4.2.3 决策控制算法工程师

决策控制算法工程师负责自适应巡航控制系统、自动紧急制动系统、车道保持辅助系统、交通拥堵辅助系统等功能决策控制算法的开发、系统测试和验证,负责设计稳定的冗余控制方案,以及配合其他模块工程师完成决策层与执行层的交互,等等。

决策控制算法工程师的岗位能力要求见表4-4。

表4-4 决策控制算法工程师的岗位能力要求

维度	岗位能力要求
综合能力	具备决策领域算法的长期研发和迭代演进能力,关注国内外前沿理论与技术转化落地
	能够进行自动驾驶系统中的预测、决策、规划,提升自动驾驶汽车在复杂路况下的行为合理性、安全性和舒适性
专业知识	熟悉自动化、机器人、计算机、控制类、车辆工程等方面专业知识
	具备良好的数学基础、机器学习基础
	理解汽车横纵向及制动控制,了解汽车底盘控制、车身动力学与运动学,了解电子稳定程序(ESP)系统/电动助力转向(EPS)系统原理
	熟悉主流的智能网联汽车决策控制逻辑,能够基于汽车动力学的运动控制进行算法设计与实现、开发与验证,使用汽车动力学仿真软件进行建模与仿真

续表

维度	岗位能力要求
技术技能	掌握决策算法，如决策状态机、决策树、马尔可夫决策过程、POMDP 等
	掌握路径规划算法，如 A-Star 算法、Dijkstra 算法、Floyd 算法、栅格法、遗传算法等
	具备良好的编程能力，熟悉开源操作系统（Linux）、机器人操作系统（ROS），熟练掌握 C/C++、Python 编程语言
	能够使用 CarSim 或 Prescan 等汽车及场景仿真软件
工程实践	具备功能决策控制算法的开发、系统测试和验证能力
	掌握定速巡航决策控制算法、自适应巡航决策控制算法等汽车自动驾驶辅助算法
	掌握自动驾驶横向控制、自动驾驶纵向控制、自动驾驶定点停车、自动驾驶避障、自动驾驶转向等技术
	能够根据感知的检测结果，决策规划汽车可行驶路径，实现避障、换道、跟随、泊车等功能

4.2.4 线控底盘系统工程师

线控底盘系统工程师负责车架系统的结构设计，底盘悬架、转向、制动的选型与布置，底盘悬架和转向系统等运动部件的校核，制定底盘系统测试需求方案，等等。

线控底盘系统工程师的岗位能力要求见表 4-5。

表 4-5 线控底盘系统工程师的岗位能力要求

维度	岗位能力要求
综合能力	具备较强的学习、沟通、团队协作、文案编写能力，能够独立完成对线控底盘的开发及使用过程中文档的记录编写
	具备创新意识，能够针对线控底盘的需求进行快速原型设计，探索新的解决方案
专业知识	熟悉线控底盘领域的国家和行业标准，了解智能网联汽车及线控底盘的前沿技术
	了解智能网联汽车三电系统的整体架构及工作原理
	熟悉汽车底盘系统的结构设计相关知识
	熟悉汽车控制的动力学及自动控制基础知识
	熟悉汽车的 CAN 总线通信及故障诊断、系统安全设计等知识
	精通汽车底层整车控制器（VCU）/电子控制单元（ECU）的相关知识，熟悉汽车的转向、制动及驱动系统的控制调节
技术技能	熟悉线控底盘的结构及原理，并掌握底盘核心元件的设计选型
	熟悉线控底盘的电气架构，并掌握电气系统的设计
	精通线控底盘核心元件的匹配设计
	精通线控底盘的整体调校，能够对电动助力转向系统、电子稳定程序、防抱死制动系统、电子制动系统等核心元件完成测试调校

续表

维度	岗位能力要求
工程实践	能够掌握线控底盘主流供应商的关键技术及解决方案,明确相关的优缺点
	能够对汽车底盘转向系统、制动及驱动系统进行选型设计
	能够对线控底盘进行集成开发设计,包括系统选型、功能测试、系统匹配
	能够对线控底盘不同阶段的交付物进行文档整理编写,完成设计及测试文档的编写

4.2.5 智能汽车仿真软件工程师

智能汽车仿真软件工程师负责按照对象的应用环境及场合、具体功能要求等,设计、测试、优化具有控制、娱乐、安全和信息交互等功能的人机交互系统,提高其友好性和操作性。

智能汽车仿真软件工程师的岗位能力要求见表4-6。

表4-6 智能汽车仿真软件工程师的岗位能力要求

维度	岗位能力要求
综合能力	具备较强的学习、沟通、团队协作、文案编写能力,能够独立完成各种文档的记录及编写
	具备创新意识,能够针对仿真平台、仿真方案进行优化迭代,探索新的解决方案
专业知识	熟悉智能网联汽车仿真测试技术发展趋势、国家标准、行业标准相关知识等
	熟悉智能网联汽车关键核心技术开发过程、仿真测试技术开发流程
	熟悉汽车动力学模型相关知识,能对汽车动力学模型进行测试调校
	熟悉智能网联汽车仿真测试中模型在环(MIL)、硬件在环(HIL)相关知识
	精通智能驾驶感知传感器,包括毫米波雷达、激光雷达、摄像头、超声波雷达、GPS、V2X等仿真模型搭建和调试
技术技能	具备智能驾驶系统仿真测试能力
	具备独立搭建仿真平台、工具链,开展仿真测试工作的能力
	能够为自动驾驶算法、控制器、系统开发反馈验证结果及优化建议
	熟悉仿真测试平台架构、工具链、场景库等,熟练使用至少一种主流仿真工具,包括但不限于MATLAB/Simulink、VTD、Carsim、PreScan、CarMaker、dSPACE、NI等专业仿真工具
工程实践	能够开展智能网联汽车仿真技术规划、仿真测试技术平台搭建、仿真系统架构设计等工作
	能够搭建仿真测试技术标准流程体系,保证智能网联汽车仿真测试技术平台的有效性、通用性和可扩展性
	能够完成仿真测试平台设计、仿真系统架构设计、仿真系统技术攻关等

4.2.6 系统集成架构工程师

系统集成架构工程师负责规划和设计智能汽车系统架构，组织编制自动驾驶产品技术方案，对自动驾驶产品的集成、测试、生产和售后服务提供指导及支持。

系统集成架构工程师的岗位能力要求见表4-7。

表4-7 系统集成架构工程师的岗位能力要求

维度	岗位能力要求
综合能力	具备较强的逻辑思维、较强的计划与执行能力
	具备良好的表达、沟通、协作能力
专业知识	精通通信、诊断、功能安全，信息安全，网络管理，电源管理设计知识
	熟悉智能汽车架构功能设计流程、功能分配原理和功能定义设计知识
	熟悉CAN/CANFD总线、LIN总线、以太网协议，能够根据功能定义完成协议编制
	熟悉智能汽车各系统软硬件工作原理和接口类型，了解主流市场车规级芯片
	掌握国内外汽车法规及标准，了解汽车整车开发流程
	熟悉整车架构原理，能熟练进行系统问题分析、定位
技术技能	具备智能汽车架构分析、设计和新功能分配的能力，并能通过功能架构设计工具完成功能定义的编写
	熟练应用CANOE、USBCAN、CANLAZER、VECSPAY等工具软件进行系统问题数据采集、分析、定位
	具备CAN总线、CANFD总线、LIN总线、以太网协议编制的能力，并能通过总线协议完成负载计算
	具备架构原理图编制、修改、审核的能力和控制器硬件接口设计、审查能力
工程实践	具备智能网联汽车跨系统功能架构设计和功能定义的经验
	具备跨系统测试用例的评审经验，并能指导系统工程师和测试工程师进行相应设计、测试文档优化
	具备智能网联汽车跨系统问题分析、定位的实践经验

4.2.7 智能交互系统工程师

智能交互系统工程师负责按照对象的应用环境及场合、具体功能要求等，设计、测试、优化具有控制、娱乐、安全和信息交互等功能的人机交互系统，提高其友好性和操作性。

智能交互系统工程师的岗位能力要求见表4-8。

表 4-8 智能交互系统工程师的岗位能力要求

维度	岗位能力要求
综合能力	能够通过分析问题、收集数据、提取信息、结构与交互设计、评估优化等步骤，解决实践中面临的复杂问题
	具备较强的学习和应用的能力，保持对智能网联汽车、自动驾驶等前沿研究领域的敏感度
	具备良好的语言表达、沟通、文案撰写能力，有较强的理解能力和逻辑思维
	具有一定的美学基础，能够根据各种相关软件的用户群，提出构思新颖、有高度吸引力的创意设计
专业知识	深入掌握智能驾驶系统产品及工作原理、人机交互逻辑
	了解车载人机界面软/硬件需求、技术方案和相关系统开发知识
	具备专业的人机界面（HMI）设计知识和理论体系，熟悉国内外汽车系统交互相关技术标准、法规
	具备汽车构造、汽车电器及电子设备、数字电路与逻辑设计、数据结构、面向对象技术、数据通信原理、计算机程序设计、检测与仪表、电子技术、网络技术等相关专业知识
	深入了解 3D 显示、增强现实、体感交互、隔空手势交互、虚拟投影等空间立体交互技术
	深入了解强化学习、迁移学习、对抗学习等深度学习理论及基于此的人脸识别、虹膜识别、声纹识别等信息识别技术，了解视觉、触觉等各类传感器性能
技术技能	能够应用 Java、C/C++、Python 等编程语言和算法
	熟悉代码编辑器 VS Code、Sublime Text3 等绘图软件的使用，具有 3D 建模基础
	精通网络平台设计、服务器系统搭建，精通网络设备调试技术、服务器调试技术，熟练掌握计算机接口技术
	熟悉人机界面和图形用户界面（GUI）等设计的开发流程，有能力制定人机界面设计规范，熟练掌握 UCD 设计流程及规范，跟进并推动设计实现
	熟练掌握 Linux 系统的环境搭建与开发设计
工程实践	具备服务器环境搭建的经验，具备系统的网络调试经验
	具备丰富的前端 UI 界面、人机界面系统设计经验，具有解决交互系统设计问题，发现现有系统不足并提出合理改进、优化方案的经验
	具备利用先进信息识别及深度学习等知识、技术设计和优化智能交互系统的经验

4.3 信息交互关键技术领域岗位

信息交互关键技术领域岗位包括车联网通信系统工程师、大数据开发工程师、车联网平台系统集成工程师、车路协同系统架构工程师、V2X 算法工程师和车路协同硬件设计工程师。信息交互关键技术领域岗位主要涉及通信和网络技术，不应成为智能车辆工程专业培养的主要目标，但该岗位人员应了解其涉及的知识。

4.3.1 车联网通信系统工程师

车联网即汽车物联网，是以行驶中的汽车为信息感知对象，借助新一代信息通信技术，实现车与X（车、人、路、服务平台）之间的网络连接，提升汽车整体的智能驾驶水平，为用户提供安全、舒适、智能、高效的驾驶感受与交通服务，还可提高交通运行效率、提升社会交通服务的智能化水平。

车联网通信系统工程师负责车联网信息化系统的维护与管理，保证服务器与数据库的安全，支撑业务服务器配置、维护、监控、调优、故障排除，以及车联网通信系统项目实施、督导、业务测试验收、系统运维管理。

车联网通信系统工程师的岗位能力要求见表4-9。

表4-9 车联网通信系统工程师的岗位能力要求

维度	岗位能力要求
综合能力	掌握国内外汽车法规及标准，熟悉车联网行业发展，了解行业政策及市场应用
	具备较强的逻辑思维，较强的计划与执行能力，具备良好的表达、沟通、团队协作能力
	能够保障车联网通信系统服务器和数据库安全，检查并消除漏洞
	能够负责车联网通信系统的管理、运维工作
专业知识	具备扎实的通信、信息、计算机类学科专业知识
	具备车联网体系架构的基础知识，了解C-V2X等相关协议，包括车联网车侧网络、车联网后端网络、网络对接、车载后端控制原理
	具备对设备及系统性能、故障调试、漏洞分析等方面的能力；具备网络交换机、服务器、储存产品、虚拟化、云技术等相关领域的知识
技术技能	具备编程基础，了解主流脚本语言
	熟练操作Windows、UNIX、Linux等操作系统
	理解传输控制协议/网际协议（TCP/IP）、超文本传输协议（HTTP）、文件传输协议（FTP）等，使用相关工具进行网络配置与调试
	熟练掌握Oracle、MySQL等主流数据库，使用数据库进行数据统计分析
	具备多系统联合调试、错误判定、错误定位技能
	具备对车联网运营数据进行分析的能力，能从各个领域、维度深入挖掘数据的价值
工程实践	具有产品管理的相关经验，熟悉车联网产品管理与维护过程
	具有较深的车联网行业及技术背景，熟悉无线通信、计算机网络、软件工程等方案开发工作经验
	具有车联网项目管理经验或车联网通信系统研发、测试经验
	具备车联网通信系统项目实施、督导、业务测试验收、系统运维管理的经验

4.3.2 大数据开发工程师

大数据开发工程师负责网络数据的采集、清洗、分析、治理、挖掘,对交通、汽车和环境等信息进行实时分析,并参与公司数据中台、调度平台和实时数仓平台等平台建设,为交通数据提供可靠的业务支撑。

大数据开发工程师的岗位能力要求见表 4-10。

表 4-10 大数据开发工程师的岗位能力要求

维度	岗位能力要求
综合能力	具有较强的逻辑思维,能够主动、全面思考,具备从技术和业务的现实出发,最终回归到业务结果的逻辑思考能力
	具有较强的学习能力,能够积极跟进新产品、新技术、新标准等
	具有强烈的责任心和团队合作精神
	对数据处理、数据建模、数据分析等有深刻认识
专业知识	掌握大数据分析相关理论
	掌握算法原理和机器学习相关理论
	掌握大数据产品架构和相关组件
	掌握 Flink、ClickHouse、MongoDB、Docker 的技术架构和原理
技术技能	精通一门或多门编程语言,熟悉 Linux 操作系统,有扎实的算法和数据结构基础
	精通流式分布式计算框架、分布式系统的设计和应用,熟悉分布式、缓存、消息等机制,能够合理应用分布式常用技术解决问题
	熟悉 Hadoop 生态相关技术,如 Hive、HBase、Kafka 等
	掌握常用的数据分析工具、数据挖掘、机器学习算法
工程实践	具备一定的深度学习算法和机器学习算法开发经验
	具备交通行业数据分析和算法开发经验

4.3.3 车联网平台系统集成工程师

车联网平台系统集成工程师负责整车架构原理、道路运输汽车平台技术要求、协议规范、硬件标准的研究,对软硬件产品集成整合,形成车联网平台系统整体解决方案,制定和审核接口协议规范,将软件和硬件产品进行集成开发以形成应用系统,并指导系统合规准入测试。

车联网平台系统集成工程师的岗位能力要求见表 4-11。

表 4-11 车联网平台系统集成工程师的岗位能力要求

维度	岗位能力要求
综合能力	具备较强的动手能力,能够针对各种疑难问题进行诊断、排查、方案优化
	具备较强的整体逻辑思维,良好的沟通能力、分析能力

续表

维度	岗位能力要求
专业知识	精通软件与网络、网络与设备、网络与集成、软件系统集成技术等方面知识
	了解通信、诊断、功能安全、信息安全、网络管理、电源管理设计等方面理论知识
	熟悉整车架构原理、道路运输汽车平台技术要求、协议规范、硬件标准
	熟悉车路协同系统的数据传输协议、接口规范定义及云平台架构搭建
	熟悉车路协同平台及行业应用的需求,可以制定系统整体方案、编写核心技术架构、业务架构设计文档
	精通车联网平台架构设计、通信安全、功能安全、信息安全等原理
技术技能	熟练应用 CANOE、USBCAN、CANLAZER、VECSPAY 等总线设备进行系统问题数据采集、分析、定位问题
	熟练掌握网络平台设计、服务器平台设计、基础应用平台等
工程实践	熟悉智能汽车各系统软硬件工作原理,并能完成功能逻辑描述
	具备推进车联网系统相关需求功能的实施与落地经验
	具备协同组织硬件部署、系统集成、系统调试、系统测试与发布,以及日常管理维护经验
	具备车联网系统相关软硬件的技术支持与维护经验

4.3.4 车路协同系统架构工程师

车路协同是采用先进的无线通信和新一代互联网等技术,全方位实施车-车、车-路动态实时信息交互,并在全时空动态交通信息采集与融合的基础上开展汽车主动安全控制和道路协同管理,充分实现人-车-路的有效协同,保证交通安全,提高通行效率,从而形成的安全、高效和环保的道路交通系统。

车路协同系统架构工程师负责车路协同系统架构的规划和设计,通过软件需求中的业务场景和流程、功能性需求进行功能性架构设计和功能定义,并完成通信协议编制。

车路协同系统架构工程师的岗位能力要求见表 4-12。

表 4-12 车路协同系统架构工程师的岗位能力要求

维度	岗位能力要求
综合能力	具备较强的整体逻辑思维、沟通表达、协调能力
	具备较强的问题排查、分析和动手能力
专业知识	精通软件与网络、网络与设备、网络与集成、软件系统集成技术等方面知识
	精通 V2X、无线通信、感知设备、信息安全等标准与原理,擅长产品架构、系统框图搭建
	熟悉整车架构原理、路端感知设备信息作用、服务器平台用途
	熟悉车、路、云整体系统架构

续表

维度	岗位能力要求
专业知识	熟悉智能汽车架构功能分配原理，并能完成新功能分配
	精通车路协同系统架构、通信安全、功能安全、信息安全等知识
	精通各个传感器设备之间的通信协议
技术技能	能够通过软件需求中的业务场景和流程、功能性需求进行功能性系统架构设计
	能够进行车路协同需求分析及架构设计，包含功能需求分析，功能实现设计，业务流程、数据接口设计和物理架构等内容
	能够熟练运用传感器通信原理进行系统功能设计，了解传感器设备数据作用，挖掘更多应用场景
工程实践	熟悉智能汽车各系统软硬件工作原理，并能成功完成逻辑描述
	具备一定的项目架构设计经验，能够与开发人员配合，完成智能汽车开发问题分析，并指导完善设计方案
	具备车联网系统集成与测试体系的建立、测试台架规划及实施的经验

4.3.5 V2X算法工程师

V2X算法工程师负责研究车路协同技术的发展动态，在技术、产品开发及升级维护等方面设计、实现和优化相关算法，响应产品需求，提供定制化算法实现方案，确保满足产品目标。

V2X算法工程师的岗位能力要求见表4-13。

表4-13 V2X算法工程师的岗位能力要求

维度	岗位能力要求
综合能力	具备较强的逻辑分析能力和较强的中英文文献阅读能力
	具备较强的学习能力，始终保持对前沿研究领域的关注
	能够根据业务场景迅速理清其中的逻辑关系，并转化成算法模型
	具备良好的沟通、团队协作能力
专业知识	熟悉自动化、计算机、数学等学科专业知识
	掌握算法原理及深度学习的理论基础
技术技能	熟练掌握MATLAB、PreScan、CarSim、CarMaker、Vissim等软件工具，具备使用以上工具进行场景搭建和算法仿真开发的能力
	熟悉DSRC和C-V2X通信协议
	掌握C/C++、Python等编程语言
	熟练掌握Linux系统
	熟悉TensorFlow、Caffe、Torch等至少一种深度学习架构
	熟悉自动驾驶开源框架，了解ROS或Cyber至少一种系统

续表

维度	岗位能力要求
工程实践	具备图像目标检测、激光雷达点云目标检测相关等项目经验
	具备车路协同算法相关经验

4.3.6 车路协同硬件设计工程师

车路协同硬件设计工程师负责车载与路端产品工作环境的研究，以及无线通信设备、路端传感设备的产品需求评估、开发设计和生产测试。

车路协同硬件设计工程师的岗位能力要求见表4-14。

表4-14 车路协同硬件设计工程师的岗位能力要求

维度	岗位能力要求
综合能力	具有较强的问题排查动手能力
	具有较强的逻辑思维，表达、沟通、协作能力
专业知识	熟练掌握模拟电路、数字电路、无线通信、路端传感设备及通信原理等基础知识
	了解主流市场车规级芯片，并熟悉电子电器接口原理
	熟练掌握模拟电路、数字电路、通信原理等基础知识
	熟悉电源、时钟、通信接口、存储等电路原理
技术技能	熟悉汽车电子常用接口的电路设计与测试，例如100Base-T1/1000Base-T1、CAN、LIN等
	掌握PADS或Xpedition、Altium Designer等电子设计自动化（EDA）设计软件，能够熟练绘制原理图和独立完成印制电路板布线（PCB Layout）的设计
	熟练使用示波器、音视频分析仪、万用表、频谱仪、综测仪等调试验证工具，掌握硬件电路板的焊接调试能力
	掌握IIC、SPI、UART、USB、PCIE、SDIO、以太网、CAN、视频、音频等通信接口
	能熟练使用信号测试工具，了解通信信号质量要求和测试方法
	熟悉各路电子元器件的使用，原理图/印制电路板设计工具，电路仿真软件
	能熟练使用汽车开放系统架构（AUTOSAR）协议等进行系统设计
工程实践	熟悉车载与路端产品工作环境，具有产品需求评估、开发设计、生产测试经验
	了解产品环境、电气、电磁兼容性（EMC）性能实验要求，进行ARM嵌入式系统硬件开发

4.4 基础支撑技术领域岗位

基础支撑技术领域岗位包括安全算法工程师、导航定位算法工程师、高精度地图数据采集处理工、智能化系统测试工程师、算法测试工程师和智能网联汽车测试评价工。基础支撑技术领域岗位也可以作为智能车辆工程专业的培养目标，但没有车辆关键技术领域岗位重要。

4.4.1 安全算法工程师

安全算法工程师负责采用算法综合处理传感器得到的信息，排除系统算法中存在的安全隐患，使整套系统安全、可靠地运行。

安全算法工程师的岗位能力要求见表4-15。

表4-15 安全算法工程师的岗位能力要求

维度	岗位能力要求
综合能力	具备较强的分析能力，能通过分析排除系统算法中存在的安全隐患
	具备较强的协调沟通能力，能使各个部件互相安全匹配
	具备较强的学习能力，能适应快速发展的技术环境
	具备较强的预判能力，能很好地仿真模拟实际环境
专业知识	具备计算机、通信、机械自动化等基础知识
	具备数据结构和编程基础知识
	熟悉图像、点云等数据的算法处理
	熟悉整套智能网联设备的架构原理
	具备智能网联行业相关安全法律法规的基础知识
	熟悉智能网联系统相关设备的操作应用使用说明
技术技能	具备编程技能，熟悉构架中的计算机语言
	熟悉智能网联设备所使用的操作系统
	熟悉智能网联整套系统的构架
工程实践	具有一定的项目经验，全程参与感知信息获取、融合、处理、传输、决策控制、响应等环节，能够排除隐患、提高系统安全性

4.4.2 导航定位算法工程师

导航定位算法工程师负责针对实际情况进行算法设计，对感知数据集进行分析、清洗、自动化标注和问题解决，使智能网联汽车达到自主导航定位的要求。

导航定位算法工程师的岗位能力要求见表4-16。

表4-16 导航定位算法工程师的岗位能力要求

维度	岗位能力要求
综合能力	具备较强的学习和钻研能力，能够独立解决技术难题和学习掌握行业技术
	具备较强分析能力，能够对感知数据集进行分析、清洗、自动化标注和问题解决
	具备较强的协调沟通能力，能够积极参与团队合作

续表

维度	岗位能力要求
专业知识	具备导航、制导与控制、自动化、电子、计算机、通信等基础知识
	具备数据结构和编程基础知识
	具备导航算法工作原理等基础知识
	熟悉工业检测、自动驾驶、机器人等相关领域
	熟悉图像、点云等数据的算法处理
	熟悉建图、定位设备的架构原理
技术技能	具备独立完成建模仿真与数据分析的能力
	熟练掌握C/C++等常用编程语言
	熟练掌握导航算法工作原理,具备针对实际情况进行算法设计的能力
工程实践	具备项目管理经验,参与感知信息获取、融合、处理、数据后处理等重要环节
	维护和改进现在的导航产品性能
	熟知整套系统的设计原理

4.4.3　高精度地图数据采集处理工

高精度地图也称高分辨率地图,是一种专门为无人驾驶服务的地图。与传统导航地图不同,高精度地图除了能提供道路级别的导航信息,还能提供车道级别的导航信息。无论是在信息的丰富度还是信息的精度方面,高精度地图都远远强于传统导航地图。

高精度地图数据采集处理工负责高精度地图的常规建图流程,包括数据的预处理、地图要素的提取、质量检查以及地图发布等,采集数据并进行后处理后,得到高精度地图。高精度地图数据采集处理工的岗位能力要求见表4-17。

表4-17　高精度地图数据采集处理工的岗位能力要求

维度	岗位能力要求
综合能力	具备较强的汽车行驶道路工况分析能力,能够基于场景应用部署合理的高精度地图相关系统
	具备较强的沟通协调、团队协作能力,清晰地理解数据处理团队中的角色及作用,能够按时、按质、按量地完成数据处理工作
	具备较强的学习能力,能够适应高精度地图领域的快速技术进步与发展,不断吸取和应用新技术
专业知识	熟悉地理信息系统理论基础,包括地理信息系统的作用、常用的空间数据分析方法以及空间数据可视化方法等
	熟悉激光雷达数据的常用文件格式,包括激光雷达数据的采集方式、数据的组织方法、数据的加载以及可视化方法等
	熟悉组合惯性导航数据的常用文件格式,包括组合惯性导航数据的采集方式、数据的组织方法、数据的加载以及处理方法,掌握地球地理信息常用坐标系的转换

续表

维度	岗位能力要求
专业知识	熟悉现代地图学的基础知识，包括地图投影、符号集以及地图综合等
	熟悉 OpenDrive 标准的基础知识，包括高精度地图文件的组织方式、坐标系统以及各类道路要素的表达方法等
	熟悉高精度地图的常规建图流程，包括数据的预处理、地图要素的提取、质量检查以及地图发布等
	熟悉地理信息相关的保密原则以及法律法规等
技术技能	熟悉专业的激光雷达数据处理软件的常规操作，包括数据的加载、点云的编辑以及数据的可视化等
	熟悉专业的组合惯性导航数据处理软件的常规操作，包括数据的采集和加载、GPS 数据的处理和编辑、多种地理坐标系的相互转化等
	熟悉多模态传感器的融合方式，了解多模态传感器数据的时间同步和空间同步原理
	熟悉 OpenDrive 高精度地图的常规操作，包括新地图要素的添加、空间坐标的计算等
	熟悉 OpenDrive 高精度地图发布前的质量检查，包括空间信息拓扑检查、属性完整性及合理性检查、要素提取完整性检查
工程实践	基于专业激光雷达和组合惯性导航数据采集软件完成激光雷达和组合惯性导航的原始数据采集，完成数据的时间同步，具备原始数据的预处理能力
	能够进行点云数据的采集、预处理、要素提取以及质量检查
	熟悉点云数据编辑软件的使用以及高精度地图的格式
	熟悉高精度地图的质量检查方法

4.4.4 智能化系统测试工程师

智能化系统测试工程师负责研究相关法规、标准、新技术和新方法，建立测试环境，开展各类产品需求特性（包括功能性、可靠性、易用性、效率、维护性和可移植性等）的测试，并协助开发人员进行故障定位和整改。

智能化系统测试工程师的岗位能力要求见表 4-18。

表 4-18 智能化系统测试工程师的岗位能力要求

维度	岗位能力要求
综合能力	熟悉智能网联汽车体系架构及其发展趋势
	具备较强的学习、沟通、协调及团队协作能力，善于发现、分析和总结问题
专业知识	掌握软件工程、软件测试理论，熟悉 A-SPICE/CMMI 认证、《道路车辆-功能安全》（ISO 26262:2011）标准
	熟悉 CAN/CANFD 相关基础理论，了解车载相关协议，包括通信协议、USD 协议、以太网协议等

续表

维度	岗位能力要求
专业知识	熟悉汽车智能网联产品的功能定义、性能指标、可靠性指标、通信和诊断协议以及 App 应用
	掌握国内外汽车标准法规
技术技能	熟练使用 CANoe、CANalyzer、Vehicle Spy 等测试工具,并可进行二次开发
	熟练掌握缺陷(Bug)管理工具,能够进行测试脚本编写
	熟练使用信号发生器、示波器、频谱仪等测试工具
	熟悉收音指标、音视频指标等的测试规范,包括灵敏度、信噪比、RDS 等测试方法
	熟悉 Android、Linux 等操作系统和架构
	具备良好的文案撰写能力,能够撰写相关技术文档,编制项目测试方案
工程实践	熟悉智能网联汽车典型业务场景和业务流程,具备汽车智能网联产品(域控制器/智能交互/驾驶/车控/车云等)测试经验
	具备自动化测试开发经验,能够独立编写完整有效的测试用例
	能够对缺陷(Bug)生命周期进行跟踪和度量,把控交付质量

4.4.5 算法测试工程师

算法测试工程师负责调用模块算法,测试整套智能网联系统算法的稳定性(包括模块算法的稳定性和模块之间的耦合性)并形成报告。

算法测试工程师的岗位能力要求见表 4-19。

表 4-19 算法测试工程师的岗位能力要求

维度	岗位能力要求
综合能力	具备较强的计算机软硬件整体理解和算法测试的综合运用能力,能够独立完成智能网联汽车算法测试工作
	具备较强的发现问题、分析问题和解决问题的综合能力,能够选择合适的测试方式对智能算法进行测试,解决智能网联汽车算法研发验证工作中的实际问题
	具有较强的自我学习能力,保持对智能网联汽车、自动驾驶等前沿领域的关注,持续学习新知识、新技术、新工艺
	具备良好的沟通能力和团队合作能力,能够解决智能算法测试工作的相关问题
专业知识	熟悉计算机视觉、模式识别、深度学习、三维视觉、点云处理等相关技术知识,掌握常用的环境感知算法测试方法
	熟悉智能网联汽车控制和决策算法架构及工程理论,掌握汽车线控算法和高层决策算法的测试方案
	熟悉视觉传感器、激光雷达、毫米波雷达、惯性测量单元(IMU)等多传感器融合算法的设计与实现,掌握多模态传感器融合测试方法

续表

维度	岗位能力要求
技术技能	具备良好的编程能力，熟悉 Linux、ROS 系统，掌握 C/C++、Python 等语言
	掌握主流深度学习框架，包括 TensorFlow、PyTorch、Caffe 等
	熟悉常用的感知算法，包括但不限于 Boost、SVM、CNN、RNN、Transformer 等算法
	熟悉常用的控制与决策算法，包括但不限于 PID、模糊控制理论、SVM、长短期记忆网络（LSTM）、增强学习、深度 Q 网络（DQN）等算法
	掌握多传感器的标定算法开发流程和框架，熟悉常用的标定算法测试方法
工程实践	具备障碍物检测、运动目标跟踪、交通信号灯识别、道路标志识别、车道线检测、行人行为预测等算法测试开发的相关经验
	具备驾驶人疲劳分心监测、儿童遗忘检测、人脸识别、手势识别、视线追踪等智能座舱算法测试的相关经验
	具备汽车线控底盘控制、自主行驶高级决策、车联网通信等算法测试的相关经验

4.4.6 智能网联汽车测试评价工

智能网联汽车测试评价工负责智能网联汽车的逻辑功能测试、功能道路试验、智能车云测试（含自动化测试）、法规标准测试、黑盒测试、兼容性测试、容错性测试、回归测试和主观评价等，并协助开发人员进行故障定位和整改。

智能网联汽车测试评价工的岗位能力要求见表 4-20。

表 4-20 智能网联汽车测试评价工的岗位能力要求

维度	岗位能力要求
综合能力	具备良好的沟通表达能力及团队合作精神，较强的逻辑思维能力及抗压能力
	具备明确的岗位责任意识，具有自觉遵守工作过程中各种规章制度的能力，并在工作过程中具有自我保护意识及安全生产意识
	具有较强的学习能力，能快速掌握智能网联已有的测试方法，探索业界更先进的测试方法
	具备准确的岗位角色定位，清楚测试评价人员在迭代中每个阶段扮演的角色和工作内容
	具备快速学习新技术新产品的能力，对智能网联不断更新的技术有所了解，对不同的测试方法快速学习
专业知识	熟悉 CAN、CANFD 相关基础理论，了解车载相关协议，包括 CAN 通信协议、LIN 协议、以太网协议等
	熟悉智能网联汽车各控制器系统功能定义及工作原理
	熟悉常见智能网联汽车测试方法，能开展各系统软件功能测试及问题分析，编写新功能测试案例，并对测试方法持续优化
	熟悉智能网联汽车各系统功能检查、综合道路测试及主观评价方法

续表

维度	岗位能力要求
专业知识	熟悉智能网联汽车测试流程，了解常见智能网联技术平台，清楚平台测试目标，撰写测试报告
	能按照测试规程正确完成测试场景的搭建、测试汽车的整备、测试设备的检查
	能结合现有智能网联汽车测试规程，对测试方法进行优化，丰富完善测试场景
	能根据用户系统和功能需求，制定主观评价计划、标准、方法、方案，对主观评价数据进行分析，建立问题清单，提出优化措施
技术技能	熟练使用 CANalyzer、CANoe、CANape、Vehicle Spy 等工具，能够进行功能开发测试及性能验收测试
	熟练使用软件开发工具或测试设备，能对智能网联汽车相关控制器进行软件刷写及功能标定，例如全景影像、毫米波雷达等
	能够根据需求编写测试脚本，实现自动化测试，例如汽车远程控制、AI 语音、影像系统等耐久测试
	熟练使用信号发生器、示波器、频谱仪等测试工具
	具备驾驶辅助系统、智能交互、车云系统等测试和主观评价技能
工程实践	具备智能网联汽车项目测试及主观评价经验
	能够配合开发人员，对测试过程中发现的问题进行分析、定位，完成问题整改验证
	具备测试数据分析、处理及完成测试报告编制的经验

4.5 生产制造领域岗位

生产制造领域岗位主要是指智能网联汽车系统装调工，其负责智能汽车软硬件系统组装调试、整体检测、零部件性能分析和保养维护，并分析及解决智能驾驶的常见故障。生产制造领域岗位可作为高职院校智能网联汽车技术专业的主要培养目标。

智能网联汽车系统装调工的岗位能力要求见表 4-21。

表 4-21 智能网联汽车系统装调工的岗位能力要求

维度	岗位能力要求
综合能力	具备较强的动手能力，能快速掌握智能汽车装配、调试及问题处理的基本方法
	具备明确的岗位责任，具有自觉遵守工作过程中各种规章制度的能力，并在工作过程中具有自我保护意识及安全生产意识
	具备较强表达、沟通、协作能力
	具备良好团队合作精神，保持和团队成员密切合作能力

续表

维度	岗位能力要求
专业知识	了解智能汽车基本结构、智能汽车环境感知、底盘线控等相关技术
	熟悉智能汽车开发流程及汽车总装工艺
	掌握常用智能传感器原理及性能,如毫米波雷达、视觉传感器等
	掌握汽车电器、电控设备原理
技术技能	能够读懂电路图,并具备简单的电路设计能力
	能根据输入需求,编制杂合车改制技术方案
	熟练使用 USBCAN-FD、CANoe、Vehicle Spy 工具,并对整车各网段进行数据采集和数据分析
	能根据汽车智能化功能,编制智能汽车下线状态检查标准
	具备智能汽车各控制器配置和标定的能力
	熟悉并能解决智能汽车常见故障问题或底盘部分故障现象
	熟悉智能网联系统调试工作内容,会使用基础的维修及检测工具
工程实践	熟悉智能汽车车载系统软硬件基本工作原理,有系统测试经验
	具备一定的项目经验,能够与开发人员配合,完成智能汽车故障问题分析及处理
	具备一定的汽车改装、改制、排故经验,能够对排故过程常见问题进行分析、定位

4.6 应用服务领域岗位

应用服务领域岗位主要是指路侧设施与交通信息网络建设工,其负责完成路侧设施与交通信息网络建设施工过程中的强弱电、网络、平台接口、软硬件安装调试操作等项目的操作程序,执行并完成交付工作,确保项目指标落实。应用服务领域岗位主要涉及通信和网络,不应作为智能网联汽车技术专业的主要培养目标,但该岗位人员应了解涉及的知识和技能。

路侧设施与交通信息网络建设工的岗位能力要求见表 4-22。

表 4-22 路侧设施与交通信息网络建设工的岗位能力要求

维度	岗位能力要求
综合能力	具有较强的团队意识,能够按时、按质、按量地完成调试工作
	具有较强的动手能力,能快速掌握各种调试工作
	具有较强的沟通协调能力,能够快速融入团队协作,为团队协同工作奠定基础
专业知识	熟悉 TCP/IP 协议等网络知识、软硬件联调、IT 行业专业技术基础知识,Linux 系统基础概念

续表

维度	岗位能力要求
专业知识	熟悉车、路、网、云、图的整体车路协同技术架构，熟悉车路协同系统的数据传输协议、接口规范定义
	具备工程专业知识，熟悉土建、市政、机电等专业的施工标准及规范，熟悉施工安全相关规定
技术技能	具备网络组网，运维等相关调试技能
	具备 Linux 使用运维经验，熟练使用 Shell 及相关调试工具
	具备现场设备安装、调试、排错、升级、优化等各种技术能力
工程实践	具备工程技术方案的实施落地能力，能够执行项目现场工程实施工作
	具备一定的设备调试经验，能够对排故过程常见问题进行分析、定位
	具备一定的项目经验，能够与开发人员配合，完成设备、系统的故障问题分析及处理

　　智能网联汽车是跨界融合的产物，涉及汽车、交通、通信、计算机、软件等领域，属于多学科、多领域的交叉产业。在工业和信息化部人才交流中心等单位发布的《智能网联汽车产业人才岗位能力要求》中，要求相关人员综合能力强、专业知识面广、技术技能强、工程实践经验丰富，很多岗位都需要具有计算机类、电子信息类、通信类等非车辆类专业背景的人才。智能车辆工程专业应该根据实际情况，制定合适的课程体系，培养与智能网联汽车产业匹配的人才。目前，具有跨行业、跨学科背景的复合人才受到汽车企业的追捧。

1. 智能网联汽车的技术架构是怎样的？
2. 智能网联汽车产业有哪些岗位方向？
3. 车辆关键技术领域有哪些岗位？

第 5 章 智能车辆工程专业的人才培养

 教学目标

通过本章的学习,学生可以了解智能车辆工程专业的人才培养过程,特别是对课程教学、实践教学、社会实践及科技活动有较全面的认识。

 教学要求

教学内容	能力要求	参考学时
课堂教学	了解课堂教学的基本文件和基本要求,初步认识常见课程	2~4
实践教学	了解实验教学、课程设计、实习实训、毕业设计、大一年度项目	
社会实践	了解社会实践的意义和路径,确定自己感兴趣的社会实践	
科技活动	了解科技活动的意义和途径,确定自己感兴趣的科技活动	

智能车辆工程专业导论

导入案例

大学是人生尤为关键的阶段，进入大学是很多高中生的理想，然而他们进入大学后对所学专业了解多少呢？如果学生能够尽早了解所学专业，知道大学四年的学习内容，就有助于他们对未来进行明确、科学的规划。根据培养计划对学生进行课堂教学和实践教学，学生通过社团组织进行社会实践和科技活动，可以获得知识、能力、素质和技能，以适应社会的需要。学生培养过程如图5.1所示。

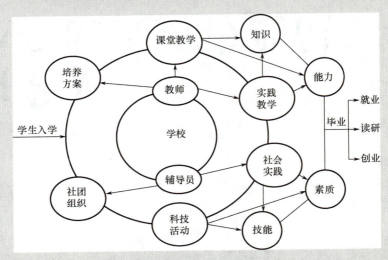

图 5.1 学生培养过程

智能车辆工程专业的学生如何通过课堂教学、实践教学、社会实践和科技活动获取知识、能力、素质和技能？通过本章的学习，学生可以得到答案。

5.1 课堂教学

课堂教学是整个教学环节的核心，是传授知识、培养思维方式、塑造精神的主要途径，是决定教学质量的重要因素。

5.1.1 课堂教学的基本文件

大学课堂教学的基本规范是指教师课堂教学必须遵循的基本要求以及基本的行为准则，它是对教师课堂教学行为的指导与约束，也是课堂教学质量的基本构成要素；它来源于大学的教学文件，主要包括培养方案、教学大纲和教学日历等。

1. 培养方案

大学教学一般是以专业为单位进行的，专业是根据学科分类和社会分工需要分门别类地进行高深专门知识的教与学的基本单位，每个专业都有独立的培养方案，**培养方案是高校培养专业人才的总体规划与安排，是高校培养专门人才，组织、实施、管理与评估教学活动的主要依据和纲领性文件，是培养人才的施工蓝图，培养方案决定着人才培养规格，日常教学运行、教学管理主要围绕培养方案展开，是培养方案的落实与执行**。培养方案是高校教育教学活动的根本大法，具有科学性、权威性、严肃性和稳定性。

培养方案没有统一的格式和内容，各高校根据实际情况制定全校统一的培养方案格式，各专业根据培养方案的格式确定具体内容。例如，某高校本科生培养方案的主要内容包括培养目标、毕业要求、主干学科、专业基础课程和专业核心课程、学制、授予学位及毕业学分要求、主要课程关系结构图、学期（年）教学进度表、课程类别及学分比例表、实践教学环节学分要求、文化素质教育课程学分要求、个性化发展课程学分要求、外专业辅修攻读双学位教学计划等。学生入学后，要全面了解本专业的培养方案，做到心中有数，合理安排自己的学习计划。

培养方案的核心是学期（年）教学进程表，其包括课程门类、课程名称、课程代码、开课学期、学时分配、学分以及考核方式等。每个学期开设的课程、总课时、考核方式等都是依据培养方案制定的，一般不可随意变更。

培养方案要尽量做到"厚基础、宽口径、重能力、强素质"，要根据各专业的具体情况，正确处理德、智、体、美等方面的基础知识与专业知识、主干学科与相关学科、技术与经济、知识能力与素质、理论与实践、教与学、面向全体学生与因材施教、学习与休息等关系，建立合理的知识和能力结构，尽可能地兼顾不同学生的发展需要，努力做到整体优化。

各高校开设智能车辆工程专业，要根据自己的实际情况和学生的培养目标，制定符合智能网联汽车行业需求的培养方案。某高校智能车辆工程专业的培养方案见附录一。

2. 教学大纲

教学大纲是课程的教学指导性文件。它是选用教材和开展教学工作的依据，也是检查和评定学生学业成绩、衡量教师教学质量的重要标准。培养方案中的每门课程都应有教学大纲，制定和执行教学大纲对课程建设、教材建设、保证教学质量有重要作用。

各高校的教学大纲格式不相同。教学大纲一般包括课程基本信息、课程目标、课程目标与毕业要求的对应关系、课程目标与课程内容的对应关系、课程教学方法、课程考核方式、主要教材与参考书等。某高校智能车辆工程专业的"智能网联汽车技术"教学大纲见附录二。

3. 教学日历

教学日历是任课教师基于教学大纲编制的学期课程教学工作的具体内容安排和进度实施计划的总称。教学日历是基于学期的具体课程教学；教学日历中的教学进度安排不仅要具体到每周，还要具体到每堂课。编制教学日历的目的是使教师合理地分配时间，确保完成预定教学任务。教学日历的主要内容是总课时和每周课时、每堂课课时分配和教学内容分配、目标要求等；对于实验课，要写明实验名称和实验学时，在独立开设的实验课教学日历中，还要写明实验内容；对于习题课、课堂讨论和其他环节，要写明题目和学时。各高校都有自己的教学日历格式和要求，授课教师应提前填好教学日历。某高校智能车辆工程专业的"智能网联汽车技术"教学日历见附录三。

5.1.2 课堂教学的基本要求

课堂教学的基本要求如下。
（1）教学目标明确、具体。
（2）教学内容充实、信息量大，能反映或联系学科的新思想、新概念、新成果。
（3）对问题的阐述深入浅出、简练准确、重点突出、思路清晰、富有启发性。
（4）坚持理论联系实际，突出知识的应用价值。
（5）合理使用现代化教学手段，提高教学效率。
（6）给予学生思考、联想、创新的空间，鼓励学生独立思考、多提问题，训练学生的思维技巧。
（7）板书应设计合理、字迹清楚、用字规范，板面布置应得当、整洁、有序。
（8）授课时要有热情、精神饱满，充分调动学生情绪、活跃课堂气氛，加强师生间的沟通交流。

大学课堂教学与高中课堂教学完全不同，教师在课堂上只讲难点、疑点、重点或者教师最有心得的部分，其余部分由学生自己学习。因此，学生应具备自学能力。学生不能完全依赖教师的计划和安排，不能单纯地接受课堂上的教学内容，必须充分发挥主观能动性，挖掘自己的潜力。这种充分体现自主性的学习方式将贯穿于大学学习的全过程，并反映在大学生活的各个方面，如自主安排学习、自主选择学习内容和学习方法等。

学习方法是提高学习效率、达到学习目的的手段。在大学学习过程中，学生要把握好课前预习、听课、复习和总结、做作业和考试等环节，为进一步获取知识打下良好的基础。

1. 课前预习

课前预习是掌握听课主动权的主要方法。在预习的过程中，学生要把不理解的问题记下来，听课时更有针对性，既能节省学习时间，又能提高听课效率。可见，课前预习是非常重要的环节。

2. 听课

听课时要记笔记。在课堂上，要集中精力、全神贯注，要认真记录教师强调的要点、难点和独到的见解，力争弄懂教师所讲内容，经过认真思考、消化吸收变成自己的知识。

3. 复习和总结

课后及时复习是巩固所学知识必不可少的一环。在复习的过程中，学生要认真整理课堂笔记，对照课本和参考书进行归纳和补充，经过反复思考，写出自己的心得和摘要。每过一个月或一个阶段都要总结一次，温故而知新，形成自己的思路，把握所学知识的来龙去脉，使所学知识更加完整、系统。

4. 做作业和考试

做作业可以巩固、消化知识，考试用于检验掌握所学知识的程度。做作业时要学会举一反三，要养成良好习惯。对考试要有正确的态度，不作弊，不单纯追求高分，把考试作为检验自己学习效果和培养独立解决问题能力的演练。

在学习中抓住几个基本环节，善于独立思考，在理解的基础上记忆，注意及时消化和吸收。只有经过不断思考、不断消化、不断加深理解，获得的知识和能力才是扎实的。学生除了要把握好以上主要环节，还要有目的地研究学习规律，选择适合自己的学习方法，提高获取知识的能力。

某高校智能车辆工程专业的"智能网联汽车技术"考试模板见附录四。某高校智能车辆工程专业的"智能车辆工程专业导论"考试模板见附录五，可采用开卷考试形式。

5.1.3　常见课程

智能车辆工程专业的常见课程有"智能网联汽车技术""智能网联汽车环境感知技术""智能网联汽车导航定位技术""智能网联汽车先进驾驶辅助系统""智能网联汽车自动驾驶仿真技术""基于汽车的新一代信息技术""智能车辆规划与决策""智能车辆控制"等。

1."智能网联汽车技术"课程

"智能网联汽车技术"课程主要介绍智能网联汽车的基础知识；超声波传感器、毫米波雷达、激光雷达和视觉传感器；道路检测、汽车检测、行人检测、交通标志检测和交通信号灯检测；V2X通信、DSRC通信、LTE-V通信、移动通信；车载网络、自组织网络和车载移动互联网；GPS、BDS、IMU、通信基站定位和高精度地图；各种先进驾驶辅助系统的组成、原理及应用；利用MATLAB对智能网联汽车进行仿真，培养学生的工程实践能力。

2."智能网联汽车环境感知技术"课程

"智能网联汽车环境感知技术"课程主要介绍智能网联汽车的关键技术——环境感知技术，系统地论述环境感知系统的智能传感器（视觉传感器、超声波雷达、毫米波雷达和激光雷达）的结构、原理、特点、类型、标定、测试及应用等，环境感知传感器的汽车识别、行人识别、交通标志识别、交通信号灯识别和道路识别，环境感知传感器的认知、装配、调试、测试、标定和目标识别的实训要求。

3."智能网联汽车导航定位技术"课程

"智能网联汽车导航定位技术"课程主要介绍智能网联汽车的关键技术——导航定位技术，从智能网联汽车的技术框架入手，系统地介绍导航定位的定义、方法、精度要求及高精度定位关键技术等；高精度定位技术中的GPS、差分全球定位系统、BDS、惯性导航系统、航迹推算技术、蜂窝定位技术、车联网高精度定位系统框架；即时定位与地图构建技术；电子地图技术的导航电子地图和高精度地图。

4."智能网联汽车先进驾驶辅助系统"课程

"智能网联汽车先进驾驶辅助系统"课程全面、系统地介绍智能网联汽车的常见先进驾驶辅助系统，主要包括先进驾驶辅助系统的基础知识、前向碰撞预警系统、车道偏离预警系统、盲区监测系统、车道保持辅助系统、自动紧急制动系统、自适应巡航控制系统、智能泊车辅助系统、自适应前照明系统、夜视辅助系统、抬头显示系统以及驾驶员疲劳监测系统。

5. "智能网联汽车自动驾驶仿真技术"课程

"智能网联汽车自动驾驶仿真技术"课程全面、系统地介绍智能网联汽车自动驾驶仿真技术,主要包括智能网联汽车自动驾驶分级、先进驾驶辅助系统、环境感知传感器、自动驾驶仿真系统构成和自动驾驶功能测试,以及自动驾驶仿真软件、自动驾驶仿真基础知识、自动驾驶场景构建方法、MATLAB自动驾驶工具箱、基于MATLAB的自动驾驶仿真示例等。

6. "基于汽车的新一代信息技术"课程

"基于汽车的新一代信息技术"课程主要介绍新一代信息技术,包括人工智能技术、大数据技术、云计算技术、边缘计算技术、区块链技术、5G技术、V2X技术、物联网技术的基本知识及其应用领域和典型应用案例,以及新一代信息技术与自动驾驶汽车的关系。通过本课程的学习,学生可以快速了解新一代信息技术及其在各行业中的应用,开阔视野,激发创新思维,提高信息素养,培养运用新一代信息技术解决问题的能力,为培养熟悉新一代信息技术的高素质技术人才以及汽车+IT+通信的复合型创新人才奠定基础。

7. "智能车辆规划与决策"课程

无论是在民用领域还是在国防安全领域,智能车辆都得到了广泛关注和迅猛发展。"智能车辆规划与决策"课程作为新工科智能车辆工程专业的核心课程,着重培养学生对智能车辆规划决策层基础架构的分析与设计能力。本课程主要讲授规划与决策技术发展现状及应用前景、人工势场路径规划方法、Dijkstra与A*路径规划方法、PRM与RRT路径规划方法、支持向量机决策方法、马尔科夫决策方法、规划与决策系统设计与仿真等。

8. "智能车辆控制"课程

"智能车辆控制"课程是智能车辆工程专业的核心课程,主要讲授智能车辆的动力学建模以及纵向控制技术、横向控制技术和垂向控制技术,涉及轨迹跟踪、车辆跟驰、换道和并道以及悬架控制等方面的主要知识和关键技术。本课程注重结合实例讲解智能算法在车辆控制领域的应用。通过学习,学生可以熟悉智能车辆控制技术的发展现状及趋势,理解和掌握智能车辆控制系统的结构、原理及设计方法,对智能车辆控制技术产生学习兴趣,具备一定的研发能力,增强创新意识。

5.2 实践教学

实践教学是高等教育教学手段的重要形式,是有效促使学生理论联系实际、进一步深化理论知识、将知识转化为能力的关键环节。《中华人民共和国高等教育法》规定"高等教育的任务是培养具有社会责任感、创新精神和实践能力的高级专门人才""本科教育应当使学生比较系统地掌握本学科、本专业必需的基础理论、基本知识,掌握本专业必要的基本技能、方法和相关知识,具有从事本专业实际工作和研究工作的初步能力",而学生实际能力的培养及学生基本技能、方法和相关知识的训练是通过实践教学保证的。增强学生实践能力、创新精神和社会责任感的培养是提高高等教育人才培养质量的重要内容。

实践教学一般包括实验教学、课程设计、实习实训和毕业设计等。各高校各专业的实践教学会有不同，需根据实际情况确定。

5.2.1　实验教学

实验教学的主要任务是使学生掌握科学实验和观察的基本方法、基本技能，以及遵守工程规范的原则和核心思想，锻炼其从实验角度研究自然规律或解决本学科领域工程技术问题的基本能力，养成良好的科研作风和开拓创新的精神。

实验教学按课程性质分为基础课实验、技术基础课实验、专业课实验和选修课实验四种。这四种实验是高等院校培养学生实践能力和创新精神的重要组成部分。

实验教学要注重研究探讨教学改革中的新问题，更新教学思想，构建新的实验教学体系。

注重引入启发式、研究性实验教学内容和教学方法，要加强基本实验的规范化教学，不断增加综合性和设计性的实验项目，有效调动学生学习的积极性。综合性实验应该既体现内容的综合性，又体现知识、能力和素质培养的综合性，是对学生进行综合训练的一种复合性实验；设计性实验是由学生设计实验方案、实验方法与实验报告的实验，着重培养学生独立解决工程技术中实际问题的能力和创新精神。

开放教学实验包括实验时间和实验内容两个方面，学生可以在一定时间内选择实验时间，而且允许对同一个实验项目进行多次实验，直到得到满意结果为止；在实验内容上，除必做实验项目外，要为学生提供多个选做实验项目，学生能以"点菜"的方式自由选择实验项目。在保证安全性的前提下，允许并提倡学生标新立异地提出新思路、新方法，激发学生的科研热情和创新思维。

开放实验室，即实验室对学生全天开放，学生可以充分利用实验室的条件进行课外学习和科研活动，使实验室成为培养学生创新精神和实践能力的基地。

为贯彻精英教育理念、探索个性化培养机制、集中优势教育资源，根据专业和学科的内容与发展，设置一些难度和深度适当的选修实验项目，为基础好、能力强、有兴趣的学生开设优质创新实验课，提升优秀人才的培养质量。

智能车辆工程专业的学生可以通过实验项目，加深对所学知识的理解，增强智能网联汽车产品设计、制造和科学研究等方面的工作能力。

智能车辆工程专业主要有C语言程序设计、大学物理实验、电路与电子学实验、理论力学实验、机械原理实验、单片机原理及实验、自动控制原理实验、机械设计实验、计算机组成原理实验、嵌入式系统原理实验、汽车构造实验、汽车理论实验和汽车试验学等课程的实验。

5.2.2　课程设计

课程设计是高等教育教学过程中的重要环节，是学生综合运用一门或多门课程所学知识解决实际问题的过程，对加深知识理解、提高实践能力、培养创新意识等有重要作用。

课程设计题目可由指导教师拟定，也可由学生拟定，经基层教学组织审核通过后即可执行。课程设计题目一般应符合以下要求。

（1）满足培养方案和教学大纲的基本要求，体现课程的综合内容，使学生得到较全面的训练。

（2）应尽可能有实用背景，不能重复使用模拟题目。

（3）难度和工作量应适应学生的能力。

智能车辆工程专业的课程设计有软件设计与开发实践、智能车原型制作与开发、智能车辆平台设计开发等。

5.2.3 实习实训

实习实训是高等教育教学过程中的重要实践环节。要充分认识实习实训的意义。实习实训是人才培养的重要组成部分，是深化课堂教学的重要环节，是学生了解社会、接触生产实际、掌握生产现场相关知识的重要途径，在培养学生实践能力、创新精神、树立事业心和责任感等方面有重要作用。

（1）**要准确把握新时代实习实训的要求**。当前，新一轮科技革命和产业革命奔腾而至，正在迅速改变生产模式和生活模式。以数字化、网络化、智能化、绿色化为代表的新型生产方式，对产业运营、人力资源组织管理提出了新的要求。高校必须坚持以人为本、落实四个回归，积极应变、主动求变，把实习实训摆在更加重要的位置，加强实习实训教学改革与研究，健全实习实训教学体系，规范实习实训安排，加强条件保障和组织管理，切实加强和规范实习实训工作，确保人才培养质量不断提升。

（2）**要加强实习实训教学体系建设**。高校要根据《普通高等学校本科专业类教学质量国家标准》和相关政策对实践教学的基本要求，结合专业特点和人才培养目标设计实习实训教学体系，制定实习实训大纲，健全实习实训质量标准，科学安排实习实训内容。鼓励根据实习实训单位实际工作需求设置实习实训项目，开展研究性实习实训，推动多专业知识能力交叉融合。

（3）**要合理安排实习实训的组织形式**。高校要根据专业特点和实习内容，确定实习实训的组织形式。原则上，由学校统一组织各类实习实训，开展集中实习实训。根据专业特点，允许学生自行选择单位进行毕业实习、顶岗实习。要严格审核实习学生的实习基地条件、实习内容，加强实习过程指导和管理，确保实习质量。

（4）**要科学制定实习实训方案**。高校要根据实习实训的内容，按照就地就近、相对稳定、节省经费的原则，选择专业对口、设施完备、技术先进、管理规范、符合安全生产等法律法规要求的单位实习。要打破理论教学固化安排，根据单位生产实际和接收能力，错峰、灵活地安排实习时间，合理确定实习流程。

智能车辆工程专业的学生要根据实习实训方案，到智能网联汽车产业链上的核心企业实习。

5.2.4 毕业设计

毕业设计是高等教育教学过程中的综合训练教学环节，学生通过毕业设计可以综合应用所学理论知识和技能，进行全面、系统、严格的技术及基本能力的练习。毕业设计是培养学生工程实践能力、理论研究能力和创新意识的重要环节，是学生毕业及学位资格认定的重要依据。

1. 毕业设计的目的

毕业设计的目的如下。

（1）培养学生综合运用所学基础课、技术基础课和专业课的知识，提高分析和解决工程技术问题的工作能力。

（2）使学生巩固所学基本理论、基本知识和基本技能。

（3）使学生受到高级技术人员的综合能力（如调查研究、查阅文献和搜集资料的能力，理论分析的能力，制定设计方案或实验方案的能力，设计、计算和绘图的能力，实验、研究能力，计算机的应用能力，技术经济分析和组织工作能力，总结提高和撰写论文的能力等）训练。

（4）培养学生的创新能力和团队精神，使其树立良好的学术思想和工作作风。

2. 毕业设计的流程

毕业设计的流程如下：确定选题和指导教师→开题报告→中期检查→结题验收→撰写并提交论文→论文评阅→答辩→提交资料。

3. 毕业设计的选题原则

毕业设计的选题原则如下。

（1）选题必须符合智能车辆工程专业的培养目标及教学基本要求，体现本专业基本训练内容，使学生得到比较全面的锻炼。

（2）应尽可能从生产、科研和教学的实际问题中确定选题，选题应有实用背景。

（3）选题可有多种类型，贯彻因材施教原则，充分发挥学生的创造性。

（4）选题的难易程度和工作量应适应学生的知识能力和相应的实验条件，应使大多数学生在给定时间内经过努力完成规定任务。

4. 毕业设计的类型

毕业设计的类型主要有工程设计类毕业设计、实验研究类毕业设计、软件开发类毕业设计、理论研究类毕业设计和综合类毕业设计五种。

（1）**工程设计类毕业设计**。学生独立设计一个智能汽车相关产品，整个设计过程包括熟悉相关知识，进行相应的设计计算、选型设计和校核计算等，并绘制装配图和零件图；撰写不少于1.5万字的论文，包括设计方案选择、设计方法确定、详细计算过程、结论等。尽量使用三维设计软件绘制装配图和零件图，使用商业化的专用软件进行计算分析。

（2）**实验研究类毕业设计**。学生独立完成一个完整的实验，得到足够的实验数据。实验要具有探索性，而不是简单重复已有工作，要撰写不少于1.5万字的论文。论文应包括文献综述、实验装置、实验方案、实验分析研究与结论等内容。对于自行设计的实验装置，应提供一份实验装置装配图。

（3）**软件开发类毕业设计**。学生独立完成一个应用软件或较大软件中一个模块的开发，要有足够的工作量，同时要撰写不少于1.5万字的论文和必要的软件使用说明书，论文包括综述、系统总体设计、系统详细设计、系统实现、性能分析、结论。

当毕业设计涉及实验方面的内容时，在答辩前必须完成实验调试，要有完整的测试结果，给出各参数指标并经结题验收教师的验收；当涉及有关计算机软件方面的内容时，在答辩前必须演示计算机程序运行情况，且运行结果经结题验收教师验收。

（4）**理论研究类毕业设计**。选题必须具有一定的实际意义，学生在答辩前应在教师的指导下撰写一篇与毕业设计有关的不少于1.5万字的学术论文。论文应包括选题的目的、意义，国内外的研究综述，问题的提出和分析，研究工作方案，进行建模、仿真和设计计算，结论，等等。

（5）**综合类毕业设计**。综合类毕业设计至少包括上述两类毕业设计的内容，当有工程设计内容时，绘图工作量酌情减少，并要撰写不少于1.5万字的论文。

5. 毕业设计检查

毕业设计检查包括开题检查、中期检查、结题验收和毕业设计答辩等。

（1）**开题检查**。开题检查的要点包括检查学生的文献综述和方案论证、判断是否充分理解毕业设计的内容和要求；进度计划是否切实可行；是否具备毕业设计所要求的基础条件。

（2）**中期检查**。中期检查的要点包括检查论文的内容是否与题目一致，论文的基本观点是否正确；学生是否按计划完成规定工作，能否克服遇到的困难；学生在毕业设计期间的表现；等等。

（3）**结题验收**。结题验收的要点包括检查学生的设计图纸是否完备、合格；现场检查实验数据是否完备、可靠，演示实验结果；现场检查软件运行结果；检查学生是否按毕业设计任务书的要求完成全部工作。

（4）**毕业设计答辩**。学生完成毕业设计后，指导教师审核签字、撰写评语，并于答辩前三天将全部材料交到答辩委员会。答辩小组根据毕业设计和答辩情况为学生评定成绩。

6. 毕业设计评分

毕业设计评分分为优秀、良好、中等、及格、不及格五个等级，毕业设计为优秀的人数一般不超过本专业学生人数的20％；毕业设计为及格、不及格的人数一般不低于本专业学生人数的20％。

毕业设计的成绩由导师、评阅人、答辩委员会三部分评分组成。

5.2.5 大一年度项目

项目学习是国际流行的教育方式。哈尔滨工业大学的大一年度项目是一种学生以立项的形式参与教师科研的活动。大一年度项目以"问题"为载体，创设一种类似于科学研究的情境和途径，让学生通过自主搜集、分析和处理信息来主动参与学习过程，获取和应用知识、分析和解决问题，有利于培养学生的科学素养和实践能力。

大一年度项目是新入学学生以项目（组）形式自主开展的为期一年的研发与制作项目，对提高学生自主学习、问题求解、团队协作、项目管理、综合创新等方面的能力和素质有重要作用。实施大一年度项目计划，旨在组织学生参加年度项目，使其体验项目学习与管理过程，激发其对科学研究的兴趣，提高其创新能力。

大一年度项目主要有以下特点。

（1）自主性。鼓励学生自主完成项目，并有所创新。

（2）系统性。通过项目组织、研制作品或系统等，锻炼学生的系统思维方式和系统设计方法。

(3) 综合性。由于项目内容具有综合性，因此需要学生掌握跨学科、跨学年的知识，并提高运用各种知识求解问题的能力。

(4) 协同性。由于一般以项目（组）形式开展工作，因此可以锻炼学生的团队协作精神与沟通能力。

(5) 自信心与成就感。大一年度项目不仅能培养学生的专业兴趣，还能提升学生的自信心和成就感。

(6) 领导力。由于项目组是在组长的领导和协调下共同工作的，因此可以培养学生的领导能力与责任心。

大一年度项目由大一学生以项目（组）形式，在两学期内完成一项任务（产品、设计、工艺、模型、装置、软件等），并分别在项目立项报告、项目中期检查报告和项目结题报告中，以书面或口头形式总结项目计划、执行过程及项目结果（提交物）。

5.3 社会实践

社会实践是通过体验的方式提高学生综合素质的一系列教育活动的总称。它是学生通过有目的、有计划地深入现实社会，参与具体的生产劳动和社会服务，培养正确的世界观、人生观和价值观的有效途径。

5.3.1 社会实践的意义

社会实践是将课堂知识与社会知识有效结合的重要途径，对拓展素质、推动就业、提升社会责任感有重要意义。社会实践的意义如图 5.2 所示。

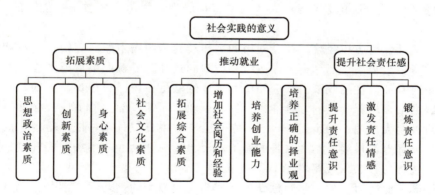

图 5.2 社会实践的意义

1. 社会实践可以拓展素质

(1) **社会实践是学生思想政治素质的重要载体**。社会实践是学生接触社会、了解社会、进行爱国主义理想信念教育的重要方式，是新形势下加强和改进青年思想政治工作的重要载体，是课堂思想政治教育的延伸，是学生实现自我教育的有力手段。作为教育对象的学生由客体转变为主体，教育过程由被动转变为互动，学生在自觉服务社会的实践中受教育、长才干、作贡献，在奉献社会的同时受到深刻的思想政治教育。在社会实践中，学生走出校园，不仅锻炼了自身能力，而且在实践中更深入地了解了党和国家的方针政策、国家的现状，为将来更好地服务于社会主义现代化建设奠定坚实的基础。

（2）**社会实践是学生创新素质的实践平台**。社会实践将课内教学与课外活动融为一体，将理论教学与实践教学融为一体，将传授知识与培养能力融为一体，为学生的创新素质教育搭建了一个平台。社会实践以学生为主体，可自由发挥学生的爱好和特长，激发学生的创新意识，提高学生的实践能力。

（3）**社会实践是学生身心素质的强心针**。丰富多彩的社会实践活动能够调整学生的情绪，磨炼学生的意志和性格，提高学生的承受能力和自调能力。

（4）**社会实践是学生社会文化素质的拓展之路**。学生需要通过社会实践参与社会生活，掌握社会经验，拓展社会文化素质，实现由"学生角色"转变为"社会角色"，以成为真正意义上的社会人才。

2. 社会实践可以推动就业

社会实践在培养择业观、提高就业能力方面为学生提供了很好的机会。在校学生积极参加社会实践，能够进一步检验、矫正和弥补自己的知识结构，培养自我教育、自我管理和自我发展的能力，锻炼适应能力和社交能力，积累社会阅历和工作经验，树立正确的立业观和择业观，以达到适应市场、顺利就业的目的。社会实践对学生就业有非常重要的推动作用。

（1）**拓展综合素质**。当前人才市场要求高校学生具有良好的综合素质，这是市场经济、知识经济和经济全球化发展趋势的要求，更是人才市场竞争和职业发展的要求。社会实践是学生拓展自身素质的主要载体，学生通过社会实践可以磨炼意志、砥砺品格、发展个性、锻炼能力、自我教育、自我管理和自我设计，勇于承担社会责任，拓展自身的综合素质，以满足社会主义市场经济对人才的要求，成为"学历＋素质＋技能"的"适应型"人才。

（2）**增加社会阅历和经验**。社会阅历和工作经验是职场中的决定因素，对涉世不深的学生而言的确要求太高，但"自主择业"和"双向选择"的就业政策把高校毕业生推向求职市场，不再有任何优惠政策。社会阅历和工作经验是在校园里很难学到的，只有积极参加社会实践活动，培养个人的综合能力，提高就业力，缩短毕业后适应社会的时间，才能更好地适应社会大环境、稳步提升自己。在社会实践中日积月累，把体验内化成自己知识和人格的组成部分，最终升华为自身的阅历和经验，在社会人才市场中提升竞争力，甚至利用自身的优势与社会人员竞争。

（3）**培养创业能力**。如今学生创新创业成为高等教育的重要组成部分，也是学生毕业后进入社会的主要途径。社会实践可以激发学生强烈的求知欲和创业欲望，使学生勇于创业、乐于创业，不断激发潜在的能力。在社会实践过程中，既能体验创业的艰辛、失败的痛苦和成功的喜悦，又能坚定创业信念、积累经验。社会实践能帮助学生树立正确的创业观，并不断完善自己、发展自己，为日后创业全方位锻炼自己。

（4）**培养正确的择业观**。学生通过社会实践还能够树立市场意识，摒弃错误的观念，理解真正意义上的竞争，认识到和谐社会中的优胜劣汰，培养竞争意识和精品意识。在社会实践中，学生需了解企事业用人单位对人才的需求和要求，在大学期间努力培养自己的综合素质，毕业时端正就业态度，避免好高骛远、不切实际和定位错位，真正做到量能定位和量力就业。通过社会实践，学生可以提前进行社会化和个性化发展，了解社会、认知自我、准确定位，树立正确的立业观和择业观；在就业过程中能够适应就业市场的要求，在短时间内找到适合自己的岗位，实现初次就业，成功、准确地迈出走向社会的第一步。

3. 社会实践可以提升社会责任感

学生的社会责任感是指学生对自己在承担人类社会发展责任中的情况是否符合内心需要而产生的情感体验，其核心是学生认识到自己对社会的安定与变革、人类的生存与发展应负的责任。

（1）**社会实践有助于提升学生的责任认识**。社会实践为学生提供了走出课堂、接触社会、增强亲身感受和深化认识的良好机会。通过社会实践，学生可以认识基本国情民情，领悟到肩上的重任，认识到应对社会负有的责任。所以，深入社会、了解社会可以帮助学生端正思想认识、拓宽视野，使其思路更加明确、感受更加深刻，树立起强烈的忧患意识，增强为国家和民族发展贡献力量的责任感和使命感。

（2）**社会实践有助于激发学生的责任情感**。在社会实践中，学生可以开展专题调查，走进社区，直接接触下岗人员和老年人；走进山区，直接接触贫苦群众和因贫困而无法读书的孩子；走进社会福利部门，直接接触福利院的孤儿和残疾人，与不同层面、不同类型的人群进行面对面的交流，感受他们的疾苦和烦恼，从而激发其爱心、同情心和责任心。

（3）**社会实践有助于锻炼学生的责任意识**。在社会实践中，学生常常会遇到许多困难，如进行专题调查时问卷设计的反复修改、走进贫困山区时生活上的不便等，这些困难可以促使其以坚强的毅力克服各种困难。通过社会实践，学生的主人翁意识不断增强，责任意识不断深化，从而对责任感产生坚定的信念。

学生社会责任感的形成是一个由感性到理性，由对己负责到对他人、对社会、对国家、对民族负责的递进过程，社会实践为学生运用知识、施展才华、锻炼意志、实现自我价值、形成强烈的社会责任感提供了重要平台。

5.3.2　社会实践的路径

构建全方位的社会实践路径体系是对学生社会实践基本路径的继承和发展。社会实践主要包括专项社会实践、主题社会实践和个体实践等。

1. 专项社会实践

专项社会实践是指高校采用公益社会实践和顶岗实习等模式开展的以实现学生服务社会、贡献企业、参与劳作、促进就业目的的专项实践活动。它具有特殊性明显、活动内容针对性强、活动形式新颖、参与主体广泛和活动范围大等特点。

（1）**公益社会实践**。公益社会实践是指学生自发或有组织地以理论调查和实际行动等形式参与服务社会、服务基层的一种实践教学活动。它是公益性活动，具有活动形式多样、活动内容全面和活动范围广等特点。当前，应该从主体教育、客体规范、内容健全和体制建设等方面推动高校公益社会实践的建设。

（2）**顶岗实习**。顶岗实习是以实现学生就业和提高学生能力为导向，通过高校与企业之间的亲密合作和"订单式"培养，企业按照一定的合作框架要求为学生提供实习岗位的社会实践活动。它是培养专业型人才、应用型人才、技能型人才、技艺型人才的有效途径，是实现学生与企业零距离接触的重要渠道。顶岗实习的实施过程由准备阶段、实施阶段、总结阶段构成。其中，准备阶段包括动员号召、筛选审查、岗前培训、课程设置和联系沟通等。近年来，有些高校创建了"顶岗实习—就岗就业"办学模式。顶岗实习的意义在于增强学生的身心素质、岗位意识和社会经验，提高学生学习的自觉性和自主性。

为做好学生顶岗实习工作，建议在顶岗实习前加强对学生的技能培训和技术指导，通过顶岗实习使学生掌握生产的方法；在顶岗实习过程中，积极引导、鼓励学生总结经验；在顶岗实习后，高校主动向企业了解学生的实习情况，并组织教师、学生进行总结、评估、改进；签订高校、用人单位、学生三方协议，从法律层面保障顶岗实习的实施；尝试建立高校、用人单位、学生"三方保险"制度，以保障学生的人身安全和财产安全；建立学生维权法律援助中心，以提升学生的维权意识、保障学生的合法权益；稳步扩大顶岗实习的范围，以提高学生顶岗实习的影响范围；积极探索顶岗实习的模式，以拓展顶岗实习的内容和方式；建立健全资金保障机制，以确保学生顶岗实习的顺利实施。

2. 主题社会实践

主题社会实践是社会实践路径的重要内容，是基于一定的主题内容开展的实践活动。它具有内容突出、针对性强、目的明确和形式多样等特点，主要包括主题交流培训实践、主题实践服务、主题实践活动和主题社会调研实践等类型，一次主题社会实践往往包含多种类型。

（1）**主题交流培训实践**。主题交流培训实践分为高校组织的主题交流培训实践和政府相关部门组织的主题交流培训实践两种。前者分为校内和校外两种形式，校内主题交流培训实践又分为校院之间、院院之间、专业之间、学科之间的主题交流培训实践，校外主题交流培训实践又分为校企之间和校校之间的主题交流培训实践。主题交流培训实践具有实施主体多、受众广和形式多样等特点。当前，可以通过加大政府支持与引导力度、加强校企合作、加大校校间的合作力度、建立健全体制机制等措施来加强主题交流培训实践的建设。

（2）**主题实践服务**。主题实践服务的意义是学生通过社会实践，参与社会主义新农村建设和全面建成小康社会，充分发挥他们作为社会"思想库""智囊团"的作用。现阶段，做好针对学生的主题实践服务工作，首先要实现主题实践服务组织模式的创新，一要实现学生主题实践服务从"精英实践模式"到"大众模式"的转变，形成点面结合、以点带面、点-线-面的服务新格局；二要实现学校组织主题实践服务、学生被动接受向学生自主组织、主动参与的转变；三要实现学校包办主题实践服务向国家支持、社会参与、学校配合的转变。其次要实现主题实践服务模式的创新，一要实现大学生专题实践服务从"单边服务模式"到"双边服务模式""多边服务模式"的转变；二要实现主题实践服务从"小分队服务模式"到"个体村干部服务模式"的转变；三要实现主题实践服务从暑期临时服务模式到长期服务模式的转变。最后要实现主题实践服务评价模式的创新，要实现主题实践服务从被动评价模式到主动评价模式的转变、从考核评价模式到激励评价模式的转变。

（3）**主题实践活动**。主题实践活动主要包括三方面内容：一是庆祝建党、建国、建团等的系列主题实践活动，旨在培养学生的爱国主义情怀、集体主义价值观，大力弘扬和传承老一辈人的优秀品质和道德情操，坚定学生永远跟党走、跟组织走的中国特色社会主义信念，使其养成科学、民主、进步、严谨、求学、创新的求学态度，不断增强党的执政基础和群众基础。二是以实践毛泽东思想、邓小平理论、"三个代表"重要思想、科学发展观、习近平新时代中国特色社会主义思想为主题的实践活动，旨在宣传党的理论知识和以多样化的组织形式引导学生开展涉及社会各方面利益的实践活动。三是以特定问题为主题的实践活动，如学生创业就业问题主题实践活动、关爱农民工子女教育问题主题实践活动、关注农村生态问题主题实践活动、服务地方经济社会发展实践活动、服务青少年健康成长主题实践活动等。

（4）**主题社会调研实践**。主题社会调研实践是指学生在高校的组织、指导下，基于充分的前期准备及一套由主观题和客观题组成的调查问卷，深入基层，开展涉及经济、政治、社会、文化和生态等方面具体问题的社会实践活动，包括走访调查、数据统计、分类整理和归纳评估等活动环节。主题社会调研实践是学生了解基层、了解社会、了解国情的有效途径，是锻炼学生独立研究意识和创新思维的必要条件、配合高校理论教学的重要教学环节，也是对学生信息综合评判的有效途径。

3. 个体实践

个体实践是学生参与社会实践的重要路径和基本范式，是社会实践网络的组成部分。个体实践能够帮助学生认识真理、检验真理、发展真理。个体实践主要包括兼职实践和创业实践两种。

（1）**兼职实践**。兼职实践是在我国高校中普遍存在的一种社会现象，是一种学生基于自身意愿参与社会建设的有偿性实践活动。兼职实践分为校内实践和校外实践两种，校内实践主要是由学校提供的宿舍管理员、楼道巡查员、图书整理员、超市营业员和教师助理等岗位组成的；校外实践比较复杂，既有学校勤工助学中心外联部联络组织的，又有学生自己联系的（如传单发放员、海报粘贴员、家教、服务员和模特等）。

兼职实践为高校学生教育注入新的气息、新的活力，起到增强学生忧患意识、端正学生学习态度、扩大学生接触面与知识面、科学定位自我发展等积极效应；但是存在兼职与学习矛盾突出、兼职缺乏目标定位、职责规范漏洞多、学校管理缺失、学生自主意识差等问题。为解决这些问题，实现兼职实践的良性发展，需要推行高校兼职教育，以提高学生对社会的观察能力和辨别能力；加强兼职实践的基地化建设，实现学生兼职的良性管控；加强相关机构的配置和管理，实现学校学工部、就业指导中心和勤工助学中心等机构对学生兼职的有效指导；关注弱势学生群体，帮助他们解决生活难题，找到合适的、安全的兼职工作；加强学生的思想政治教育工作，帮助学生树立正确的世界观、价值观、人生观；坚持校内兼职与校外兼职结合的原则，积极为学生兼职实践创造条件。

（2）**创业实践**。创业实践是个体实践的重要组成部分、实施创业教育的重要环节，也是较能体现创业教育特点和性质、较能激发学生潜能的教学活动方式。创业实践的可行性取决于我国知识产业急迫需要具有丰富知识和创新意识的学生加入，我国产业结构调整和科技创新也需要年轻气盛、思想活跃的学生参与，需要学生承担创新发展、科教兴国、民族复兴的责任。创业实践是社会变革和经济发展的客观需要，是解决学生就业问题、促进就业的现实需要，是支持国家建设和运用国家政策支持的本质要求，也是应对社会需求多样化实际的现实需求。

做好创业实践工作，一是要搞好创业教育，构建高校创业教育课程体系，加强对学生创业的理论指导工作；二是要借助高校各类学生社团，积极开辟创业实践的新路径；三是要积极构建多形式的校企合作模式，实现学生与企业"联姻式""合作式""嵌入式""互动式""连锁加盟式"的合作;四是要加强创业实践基地的建设工作,营造良好的校园、社会环境氛围,要构建多功能的创业实习、创业见习、社团创业的基地,充分发挥其优势和作用,为培养创新型、应用型、知识型的社会人才服务。

总之,学生要密切关注并积极参与本校举办的社会实践活动,特别是与本专业相关的社会实践活动。

5.4 科技活动

科技活动是以学生学习兴趣为导向、以创新型科技课题为载体、以学生自主学习和教师指导结合的方式、以解决实际问题为切入点的科研实践活动,是创新型人才培养的重要形式。

5.4.1 科技活动的意义

科技活动对学生综合素质的提高和科研能力、创新能力的训练有积极作用。

(1) **科技活动利于学生树立创新意识、培养创新精神、提高创新能力**。培养学生的创新精神和创新能力是学校教育教学的重要内容,也是学校综合实力的重要体现。学生是推进国家各方面事业发展的主力军和骨干力量,其中出类拔萃的学生更将成为国家各领域建设的领军人物。如果学校培养的学生只具备较强的专业知识和素质,缺乏创新精神,那么国家不能持续发展,社会难以快速进步。

(2) **科技活动能够促进学生对基础知识、专业知识的学习**。掌握扎实的基础知识、专业知识是新时期高素质创新人才必须具备的基本素质。提倡创新教育、素质教育,打好基础是关键。如果没有扎实的专业知识做铺垫,就不可能在科技活动中有收获。只有熟练掌握固有知识,在知其然的同时知其所以然,才能在遇到新的问题时举一反三,在需要创新时,灵活地将自己掌握的知识付诸实践。

(3) **科技活动能够促进学生扩大知识面,追踪学术的最新成果**。合格的科技活动作品是学生积累和吸收大量固有知识后,通过思考和实践提取相关知识,并重整、归纳、总结出的成果。优秀的科技活动作品往往追随时代的脚步、适应社会环境、结合社会特点。基于此,科技活动可间接地督促学生积累知识、扩大知识面、接触专业最新成果。

(4) **科技活动能够培养学生学以致用的能力**。在科技活动中,学生把课堂上学到的、通过其他途径接触到的知识应用到实践中,将知识转化为社会价值,实现学以致用的目的。与此同时,他们在实践中能够体会到学习的意义,在发现问题、解决问题的过程中能够感受到知识的力量,从而获得归属感和荣誉感。

(5) **科技活动利于提高学生群体性的研究型学习能力**。学生要参与社会竞争并获得成功,就必须学会与他人合作。在科技活动中,一个团队把所有成员的机智、耐力、毅力、自信、知识集结在一起,使成员相互结合、相互补充,彼此坦诚、信任,学会分享与合作、沟通与交流,树立乐于合作的团队精神,培养理论联系实际的能力。

(6) **科技活动有利于培育健康的、积极进取的校园文化,增强校园学术氛围,形成相互启发、相互促进和良性竞争的优秀学风**。

5.4.2 科技活动的途径

1. 中国大学生方程式系列赛事

中国大学生方程式系列赛事创立于 2009 年，致力于为培养和选拔国内精英汽车人才搭建公共平台。该赛事具备学科融合性和专业性强、学术氛围好、学生综合能力培养全面等特点。参赛学生组成团队，自主设计、制造、调试一台方程式赛车。其设计制造过程除考验团队工程实践能力外，还考验团队工程管理、商业营销、成本控制和招商宣传等能力。每台方程式赛车都是一群有志青年倾注一年时间的智慧成果和工程成果，也是工匠精神的真实写照。目前，该赛事培养人才涵盖汽车机械工程师、电气工程师、整车测试工程师、CAE 分析工程师、无人系统架构工程师、成本造价师、汽车营销策划人员、新媒体传播人员、技术管理人员、项目管理人员和科研人员等。为加强专项人才培养，由该赛事衍生成立了诸多专项能力培训平台，包括中国大学生方程式系列赛事全国队长交流会、中国大学生方程式电气系统安全员培训、中国大学生方程式整车试验员培训、线上竞赛（CAE 工程能力培养）等。该赛事紧跟行业的发展路径，深度促进产教研全方面合作，为行业培养专业人才。

图 5.3 所示为中国大学生方程式部分参赛车队。

图 5.3 中国大学生方程式部分参赛车队

中国大学生方程式系列赛事包括以下四个分赛项：中国大学生方程式汽车大赛（燃油车）、中国大学生电动方程式大赛、中国汽车工程学会巴哈大赛和中国大学生无人驾驶方程式大赛。

（1）中国大学生方程式汽车大赛（燃油车）。

中国大学生方程式汽车大赛（燃油车）为促进中国汽车产业自主研发与科技进步，为中国汽车工业从"制造大国"向"产业强国"的战略奠定了人才基础。2010 年，首届中国大学生方程式汽车大赛应运而生。该赛事由中国汽车工程学会、易车公司以及 20 所大学汽车院系联合发起举办。该赛事号召高等院校车辆工程及相关专业的在校学生组队参加，按照赛事规则和赛车制造标准，学生在一年内自行设计、制造出一辆在加速、制动和操纵性等方面具有优异表现的小型汽油动力赛车。该赛事是一项非营利的社会公益性事业，致力于为培养和选拔国内精英汽车人才搭建公共平台；同时，可以提高学生的设计能力、制造能力、成本控制能力、商业营销能力、沟通与协调能力。

图 5.4 所示为某高校参加中国大学生方程式汽车大赛（燃油车）用车。

图 5.4　某高校参加中国大学生方程式汽车大赛（燃油车）用车

（2）中国大学生电动方程式大赛。

2013 年举办首届中国大学生电动方程式大赛，但由于参赛车队总数有限，因而在 2013 年和 2014 年的中国大学生方程式汽车大赛中，一直采取燃油车、电动车并赛且分别计算成绩的模式。中国大学生电动方程式大赛比中国大学生方程式汽车大赛（燃油车）的技术性强，主要源于电源管理系统、动力电池技术、电控系统的综合设计与控制，学生需要边学边做。2015 年，由于电车赛和油车赛均呈现爆发式增长的态势，并且国家政策鼓励、产业投资趋热、技术逐渐成熟，因此中国大学生方程式汽车大赛的电动汽车组别正式独立，以中国大学生电动方程式大赛独立成赛。真正意义的首届中国大学生电动方程式大赛由中国汽车工程学会和中国宋庆龄基金会联合主办，蔚来汽车独家冠名，易车公司作为赛事的独家战略支持，于 2015 年 11 月 3 日在上海奥迪国际赛车场拉开帷幕，来自全国的 30 支学生车队参与角逐。

图 5.5 所示为某高校参加中国大学生电动方程式大赛用车。

图 5.5　某高校参加中国大学生电动方程式大赛用车

中国汽车工程学会巴哈大赛

（3）中国汽车工程学会巴哈大赛。

中国汽车工程学会巴哈大赛是由中国汽车工程学会于 2015 年发起主办的，是一项适合职业院校和本科院校低年级学生参与的越野车设计和制作竞赛。各参赛车队按照赛事规则和赛车制造标准，使用相同型号的发动机，设计、制造一辆单座、发动机中置的小型越野车并参与牵引力、操控、爬坡和耐力等项目的角逐。参赛学生需掌握汽车结构设计、制造、装配、调校维护、市场营销和成本控制等方面的专业知识和技能,为我国汽车产业输送更多复合型人才。首届中国汽车工程学会巴哈大赛于 2015 年 8 月在山东潍坊举办,共有 43 支车队报名参赛,其中本科院校 18 所、职业院校 25 所。2016 年,参赛车队迅速增至 63 支;2017 年,报名参赛车队达到 94 支,并且拥有以职业院校为主的乌兰察布站和以本科院校为主的襄阳站两站赛事;2018 年,102 支车队报名,85 支车队到达比赛现场。2019 年启动了电动巴哈项目,共有 110 支车队报名,其中电动车队 11 支,举办了襄阳站和长白山站两站比赛。

中国汽车工程学会巴哈大赛是一种全新的技术教育和工程实践过程,其以兴趣为导向,崇尚"人人皆可成才,人人尽展其才"教育精神。由于现有中国汽车工程学会巴哈大赛设计难度大、投入成本较高、入门门槛高,大多数高职院校和中职院校学生的设计制造能力有限,因此有计划启动巴哈大赛标准车组,通过标准车型的组装和调试,培养中职院校学生对汽车进行装配、调试和维修等的能力。通过以赛促教的形式提高学生的兴趣,逐步提高其专业技术能力,从而提高该赛事的参与度。

图 5.6 所示为某高校参加中国汽车工程学会巴哈大赛用车。

图 5.6 某高校参加中国汽车工程学会巴哈大赛用车

(4) **中国大学生无人驾驶方程式大赛**。

2016 年,无人驾驶、自动驾驶概念因产业升级而成为热点。在前几项赛事已经稳固的基础上,中国汽车工程学会推出了科普中心系列赛事中水平最高的创新大赛——中国大学生无人驾驶方程式大赛,其面向国内高校的硕士、博士生群体,培养汽车、电子、自动控制、通信、自动化和光学等领域的高端跨界人才。由于无人驾驶技术具有超前和跨界双重特点,因此没有一家汽车企业来得及对此技术做出完整布局,更无人才可以吸纳。该赛事能以非常低廉的成本,对无人驾驶技术所需的尖端人才进行技术测试和路径验证,从而研发商用无人驾驶技术。

图 5.7 所示某高校参加中国大学生无人驾驶方程式大赛用车。

2. 全国大学生智能汽车竞赛

全国大学生智能汽车竞赛是以智能汽车为研究对象的创意性科技竞赛,是面向全国大学生的一种具有探索性的工程实践活动,也是教育部倡导的大学生科技竞赛之一。该赛事以"立足培养,重在参与,鼓励探索,追求卓越"为指导思想,旨在促进高等学校素质教育,培养学生的综合知识运用能力、基本工程实践能力和创新意识,激发学生从事科学研

图5.7 某高校参加中国大学生无人驾驶方程式大赛用车

究与探索的兴趣和潜能,倡导理论联系实际、求真务实的学风和团队协作的人文精神,为优秀人才的脱颖而出创造条件。

全国大学生智能汽车竞赛以设计、制作在特定赛道上自主行驶且具有优越性能的智能模型汽车为任务,鼓励学生组成团队,综合运用多学科知识,研究智能汽车的机械结构、电子线路、运动控制、开发与调试工具等问题,激发学生从事工程技术开发和科学研究探索的兴趣及潜能,倡导理论联系实际、求真务实的学风和团队协作的人文精神。该赛事综合性强,涵盖人工智能、模式识别、传感技术、电子、电气、计算机、机械、通信和汽车工程等学科知识。

全国大学生智能汽车竞赛一般包括竞速类比赛和综合类比赛。竞速类比赛根据车模、微控制器、传感器及比赛任务分为八个竞速组别,参赛车队使用指定微控制器系列作为核心控制模块,通过增加道路传感器、电动机驱动电路以及开发相应单片机软件,制造一辆能够自主识别道路或者目标的模型汽车,并按照规定路线或者任务行驶。综合类比赛以机器视觉、人工智能和机器人操作系统等为主要开发内容,并在配备复杂传感器的运动平台上部署,完成与无人系统相关的任务。

图5.8所示为全国大学生智能汽车竞赛用车。

图5.8 全国大学生智能汽车竞赛用车

另外,还有"挑战杯"全国大学生课外学术科技作品竞赛、全国大学生数学建模竞赛、全国大学生机械创新设计大赛、全国大学生交通运输科技大赛、全国大学生节能减排社会实践与科技竞赛、中国大学生工程实践与创新能力大赛、全国大学生物流设计大赛、全国三维数字化创新设计大赛、"西门子杯"中国智能制造挑战赛、全国周培源大学生力学竞赛、中国高校智能机器人创意大赛、中国机器人及人工智能大赛等。学生应该时刻关注本校举办或参与的科技活动,并应积极参加与智能汽车有关的科技活动。

1. 大学生培养包括哪些环节?
2. 智能车辆工程专业有哪些实践教学环节?
3. 大学生社会实践有什么意义?
4. 大学生社会实践有哪些路径?
5. 与智能车辆工程专业有关的科技活动有哪些?

第6章 大学生职业规划

 教学目标

通过本章的学习，学生可以了解就业、读研和创业的基本概况，对准备就业、读研、创业及其途径有较全面的认识，为做好职业规划奠定基础。

 教学要求

教学内容	能力要求	参考学时
就业规划	了解就业概况、就业准备和就业途径	
读研规划	了解读研概况、读研准备和读研途径	2
创业规划	了解创业概况、创业准备和创业途径	

大学生职业规划

导入案例

国内高校应届毕业生超过 1000 万，就业压力非常大，在大学期间做好职业规划，提高就业成功率和就业质量是学生非常关心的问题。

如何做好就业规划、读研规划或创业规划？通过本章的学习，学生可以得到答案。

6.1 就业规划

如果毕业时选择就业，就需要了解就业现状，做好就业规划。

6.1.1 就业概况

2022 年高校毕业生约为 1076 万人；2023 年高校毕业生人数再创历史新高，达到 1158 万，就业压力暴增。

从 2021—2022 届高校毕业生就业去向占比来看，毕业生的企业就业率呈下降趋势，毕业生更倾向于读研、考公和考编。2022 届高校毕业生选择企业就业的占 34.21%，比 2021 届下降 7.21 个百分点；创业占 4.25%，比 2021 届增长 0.58 个百分点；出国深造占 2.07%，比 2021 届下降 0.58 个百分点；其他占 1.12%，比 2021 届下降 0.03 个百分点。北京、上海、广州、深圳是毕业生求职的重要选择地，也是吸纳毕业生的主要城市。近年来，随着新一线城市的迅速发展，新兴行业逐步兴起，对人才的需求急剧增加，也为毕业生提供了新的选择。新一线城市针对以应届生为代表的年轻人才制定了优惠政策，如购房优惠、现金补贴等，可以有效吸引高校毕业生就业。

智能车辆工程专业还没有毕业生，但车辆工程专业毕业生的就业率和就业质量都较高。我国汽车产销量世界第一，并将长期保持快速增长，对智能车辆工程专业的人才需求量非常大。

6.1.2 就业准备

学生就业前，应做好就业定位、提升自身竞争力、准备好求职材料。学生就业前的准备如图 6.1 所示。

1. 就业定位合理

就业定位主要包括职业定位、地区定位和待遇定位三方面，如图 6.2 所示。三个圆圈的交集就是就业定位。

（1）**职业定位**。职业定位是指学生为实现就业目标，根据自身条件和一定的择业原则选择职业及工作单位的过程。职业定位是择业过程中的关键步骤，也是学生择业过程中不能绕开且至关重要的环节。职业定位的准确性不仅关系到顺利就业、找到合适的职业岗位，而且关系到自身才能的发挥和对社会的贡献，还会影响事业的发展。

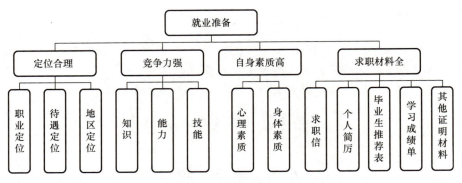

图 6.1　学生就业前的准备

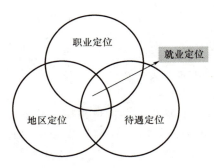

图 6.2　就业定位

职业定位需遵循一定的原则，如社会需求原则、发挥特长原则及利于成才原则。社会需求原则是指学生选择就业岗位时，应以社会需要为前提，以社会对人才的要求为准则，做到个人需求服从社会需求；发挥特长原则是指学生应结合自身素质状况，根据个人特长选择职业岗位；利于成才原则是指学生进行职业定位时，应以有利于自己成才的意识选择职业岗位。

智能车辆工程专业学生可选择的岗位有技术岗、销售岗和管理岗等；可选择的企业主要有传统汽车企业和新势力汽车企业。学生应根据岗位能力要求、企业招聘条件及自己的工作兴趣，确定职业定位。

（2）**地区定位**。地区定位是指学生拟工作的城市或地区。从城市规模来看，大城市再就业的空间大，人们的观念、理念比较新颖，就业竞争激烈，发展空间较大，成功机会多于中、小城市；但大城市是人才集散地，也是生存发展的角斗场，需要做好长期承受压力、长期奋斗的心理准备。大城市比较适合拓展就业型学生。

在二、三线城市，人们的理念、观念趋于稳定，生活节奏比较慢。但通过近几年的发展，二、三线城市的经济有明显变化，尤其是工业向二、三线城市转移的趋势明显，人才需求增加，学生有充分发挥自身技术优势和管理水平的空间。二、三线城市比较适合稳定就业型学生。

智能车辆工程专业学生应该根据中国汽车工业分布和自身就业的实际情况进行地区定位。

（3）**待遇定位**。待遇定位是指学生毕业时可能从事工作的薪资标准，其与职业、地区和专业等密切相关。例如，一线城市的薪资标准一般高于二、三线城市，合资、外资企业的薪资标准一般高于内资企业，技术岗位的薪资标准一般高于普通岗位。

2. 竞争力强

学生进行就业定位后，需要提高自身竞争力。

竞争力就是适应企业需要的能力，它是决定学生高质量就业的关键。一切职业都要求从业者具有相应的知识、能力和技能。

知识是学生就业的基础条件，学生在校学习成绩代表其掌握的知识。有时学生求职时，需要提交自己的学习成绩单，供招聘单位判断学习情况。如果要找到比较好的就业单位，则平均学习成绩要超过80分，而且不能出现挂科现象。

能力是学生就业的关键，在就业准备期应该做到学好专业知识、参加有关科技活动和科研活动、结合专业和就业参加社会实践活动、认真进行专业实习和做好毕业设计等。学生求职时，一定要体现出自身能力，最好要通过案例说明。

技能是学生就业的根本，掌握的技能与职业匹配度越高，就业质量就越好。在就业准备期，学生应该掌握所要从事职业的必备技能。例如，若毕业后想从事智能网联汽车设计方面的工作，则至少要掌握国内智能网联汽车设计行业使用的编程语言，如C/C++和Python等，尽量满足第4章中的岗位能力要求。

3. 素质高

素质是招聘单位看重的一个重要因素。学生素质包括心理素质和身体素质。心理素质直接影响面试效果，学生在就业准备过程中，要注意保持健康的心理状态，提高心理素质。如何保持健康的心理状态呢？首先进行自我调节，充分相信自己，看到自己的优势、前景，减轻心理负担，保持良好的精神状态；然后做好充分的心理准备，树立正确的择业观，看问题不要极端化，处理好自我价值实现与社会的关系。

任何职业对从业者的身体素质都有一定的要求，很多职业对从业者身体素质的要求比较高。学生应该养成良好的生活习惯，积极参加体育锻炼，自觉遵守作息时间，形成学习规律和生活规律，以迎接职业的挑战。

4. 求职材料全

求职材料主要包括求职信、个人简历、毕业生推荐表、学习成绩单、其他证明材料。

求职信是求职者向招聘单位及其单位领导介绍自己的实际才能、表达自己就业愿望的书信。由于多数用人单位都要求求职者先寄送求职材料，再通知面试或面谈人选，因此求职信非常重要。

个人简历是求职者发送给招聘单位的简要介绍，包含自己的基本信息（姓名、性别、年龄、民族、籍贯、政治面貌、学历、联系方式）、应聘职位、相关技能、实践经历、获奖情况、兴趣爱好和自我评价等。个人简历对获得面试机会至关重要。

毕业生推荐表是学校相关部门审核盖章的正式推荐材料，包含毕业生本人的基本信息，具有一定的权威性。在毕业生的求职过程中，招聘单位会要求毕业生出具毕业生推荐表。

学习成绩单是由学校（院）提供的、加盖学校（院）公章的、反映学生学习成绩的表格式文件。每人只有一份学习成绩单，求职时使用复印件，签约时使用原件。

其他证明材料主要包括科研成果材料复印件（如在正式出版物上发表文章、撰写的调查报告、征文比赛获奖文章的复印件）、获奖荣誉证书复印件（如获得优秀学生、优秀学生干部和优秀团员等荣誉证书的复印件）、全国技能统考等级证书复印件（如英语六级证书复印件）、社会实践证明材料复印件、专长、特长证明材料复印件，等等。其他证明材料种类较多，应当分门别类地整理，与求职信、个人简历、毕业生推荐表、学习成绩单一起装订成册，使人一目了然。

6.1.3 就业途径

应届毕业生的就业途径应以校园招聘会为主，以校外招聘会、网络招聘及其他就业途径为辅，如图6.3所示。

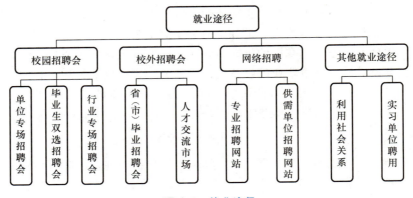

图6.3 就业途径

1. 校园招聘会

校园招聘会是指在学校内举办的招聘活动，是学生就业的主要渠道，包括单位专场招聘会、毕业生双选招聘会和行业专场招聘会等。

单位专场招聘会是指招聘单位通过高校就业指导部门安排，在指定高校举办招聘应届毕业生的小型招聘会。这种招聘会的特点是涉及的专业、人数不多，但招聘对象目的性强——指定高校、指定专业的毕业生，应聘成功率高。一般大型企业采用校园招聘会方式，特别是针对车辆工程专业和智能车辆工程专业学生的招聘，建议学生主动参与、积极应聘。

毕业生双选招聘会一般由高校就业部门邀请全国各地用人单位参加，秋季和春季各举办一次。这种招聘会的特点是招聘单位多，且分布在各行业、各地区、各层次；招聘的人数和专业较多，毕业生有较多选择；除本校毕业生外，还有外校毕业生参加。中、小型企业主要采用毕业生双选招聘方式。图6.4所示为某高校2023年举办的毕业生双选招聘会。

行业专场招聘会主要针对招聘需求较大的行业或岗位开设，如汽车行业专场招聘会等。行业专场招聘会的行业特色鲜明，学生按需参与，有效提高了应聘成功率。

校园招聘的一般流程如图6.5所示。求职者一定要先了解清楚企业招聘的流程，有些招聘单位主要在网上接收简历，到学校只进行考核，不在现场接收简历。

图 6.4　某高校举办的毕业生双选招聘会

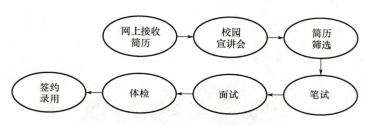

图 6.5　校园招聘的一般流程

2. 校外招聘会

校外招聘会是指在学校外举办的招聘活动，主要有省（市）毕业生招聘会、人才交流市场等。

省（市）毕业生招聘会是指由各省（市）人事部门、大学毕业生就业管理部门在本地举办的大型招聘会，一般安排在寒假期间或寒假前后。这种招聘会的特点是招聘单位基本为本省（市）单位，招聘需求较多；但竞争激烈，而且招聘岗位不如校园招聘会，应聘成功率不高。

人才交流市场是指各地（市）在人才交流市场不定期举办的招聘活动。这种招聘会涉及范围较大，一般招聘不同层次、不同专业、不同籍贯的人才，要求求职者具有一定的工作经验，应聘成功率不高。

校外招聘的一般流程如图 6.6 所示。

3. 网络招聘

随着互联网的发展，网络招聘逐渐兴起。网络招聘是招聘单位与求职者之间的高效、便捷、务实的就业信息交流服务平台。

网络招聘主要以各种专业招聘网站和供需单位招聘网站（专业网站有国家大学生就业服务平台、应届生求职网、中国大学生就业网、中国高校就业联盟网等，供需单位招聘网站是指学校和用人单位的网站）为平台，网站资源多、受众广，而且对招聘单位和招聘行业进行细分，条理清晰，更方便求职者找工作。

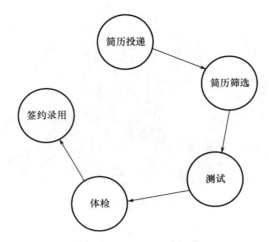

图 6.6 校外招聘的一般流程

网络招聘的一般流程如图 6.7 所示。

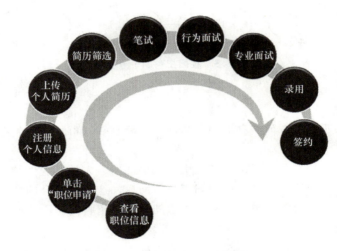

图 6.7 网络招聘的一般流程

4. 其他就业途径

其他就业途径是指除招聘会和网络招聘外的就业途径，如利用社会关系、实习单位聘用等。

通过亲朋好友打听招聘信息，通过熟人推荐也是符合我国国情的求职方法，求职者更了解招聘单位，应聘成功率更高。

实习单位聘用是较快捷的求职方式。同时，经过一段时间的实习，对单位的领导、同事及各方面的情况都有所了解，正式入职后便于继续开展工作。

智能车辆工程专业学生的理想就业单位一般为六大汽车集团（一汽集团、东风汽车、北汽集团、上汽集团、长安汽车和广汽集团，特别是它们的合资企业，从事与智能网联汽车相关的设计工作）和新势力汽车企业（如小鹏汽车、蔚来汽车和理想汽车等）。

6.2 读研规划

读研是很多学生毕业去向的首选，特别是就业难或社会职业对人才要求高的专业毕业生。

6.2.1 考研概况

2010—2023 年，我国研究生报考人数以平均每年 25.7 万的速度增长。2021 年和 2022 年的全国报考人数分别为 377 万和 457 万。对考生而言，"信息不对称"现象值得关注：受人数激增的压力以及舆论场中"缩招""高分"等真假掺杂的信息影响，考生容易在选择院校、备考学习中陷入焦虑，并在错误信息中作出错误决策。排除虚假信息的干扰，掌握真实、精准的考研信息，从而稳定心态、避免焦虑，并找到一套行之有效、切中关键的备考方法，作出正确决策是考研时代的"刚需"。

根据对考研动机的调查分析，超过 50% 的考生是因当下就业困难而选择考研。此外，超过 40% 的考生因对本专业兴趣浓厚而选择继续深造。

传统考研一般指"向上考"，即从"双非"院校向"双一流"院校考，但最近出现了明显的"向下考"现象，称为"逆向考研"。产生这种现象有以下几个方面原因：一是高等教育普及化导致学历贬值；二是社会对人才评价与筛选的门槛不断提高；三是考研竞争加剧，使一些学生的核心关切变为解决考研成功的问题，而不是考研好不好的问题。

对考研学生目标院校的调查显示，2023 年参加考研的考生中，近 50% 考生的目标院校为"双非"院校；其次是一流学科建设院校，占比超过 30%；最后是一流大学建设高校，占比超过 20%。

在择校过程中，考生主要关注学校的哪些方面呢？调查显示，近 60% 的考生关注学校考研成功率和考研分数，其次是学校实力，意向专业招生人数的关注度也较高。

面对激烈的竞争，从近两年研究生报考情况看，考研呈现出由"上好学校"向"有学校上"转变的迹象。

本部分可介绍本校近三年的考研情况。

6.2.2 读研准备

读研是一项系统工程，需要学生做好规划，并分阶段实施。读研途径不同，读研准备内容和方式也不同，应尽早确定读研途径。读研途径主要有保研、考研和出国读研等。

1. 保研准备

保研根据各学校情况而异，但对于大多数学校来说，主要看学生前三年的学习成绩。如果想保研，就要了解学校的保研政策，重点了解保研的比率、对成绩的要求以及加分项等，要学好每门课程，做好各实践环节，努力获得加分项。

只要目标明确、扎实学习、做好积累、全面发展，就容易获得推免资格。推免名额不是分配到班级，而是分配到专业，学习成绩和综合素质在专业前15%左右（各学校不同）的学生，有望获得参加推免资格评审。获得学校推免资格后，学生可以申请本校读研，也可以申请外校读研。

2. 考研准备

如果想考研，就要学好考研公共课和专业课，且其他课程不能挂科，特别要学好专业基础课和专业课，复试时需要考这些课程的内容。避免出现一切为了考研，而忽略学习其他课程的情况。

工科学生考研的公共课是英语和政治，专业课一是数学，专业课二是各专业的骨干课，因学科而定。

英语学习是一个长期积累的过程，建议学生在学好英语课堂教学内容的同时，关注考研词汇或者与考研相关的英语参考书。

大一开始要系统地学习高等数学、线性代数和概率论等数学基础课，如果决定考研，在学习过程中就要对自己严格要求，做好教师留的作业，尝试做一些数学考研题，阅读数学考研辅导书。

要学好考研专业课，也不能忽略其他专业课，因为复试一般会涉及很多专业课甚至专业基础课内容，有的学科复试涉及10余门课程。复习考研专业课时，尽量了解往年考题的类型。

如果想考外校的研究生，一般在大三确定报考的学校和专业。若准备硕士研究生毕业后就业，则学校的名气和排名比专业重要，因为用人单位主要通过学校来判断学生的学业成就；若准备硕士研究生毕业后读博，则专业的排名和影响力比学校重要。关于同一专业不同学校之间的选择，需根据报录比进行比较。报录比是报考人数与录取人数的比值，每年招生单位都会在网上公布下一年度的招生人数（往往包括保研人数）。确定报考的学校和专业后，就要对报考学校进行较全面的了解。如果报考同一专业，就要比较两所学校该专业的本科培养方案，特别是考研专业课的差异。即使考同一课程，选用教材不同或讲授重点不同，考试内容也会出现较大差异。因此，最好能拿到报考学校往届考研专业课的试题。与考本校研究生相比，考外校研究生难度较大，特别是复试环节。

如果对本专业不感兴趣，需要跨专业考研，就更要注意报考专业的课程学习。若本专业课程设置中没有这些课程，则最好去相关院系旁听，这样可以帮助学习和理解。跨专业考研难度大，复试会很困难，一般不建议跨专业考研。如果报考专业没有本科毕业生，则可以考虑跨专业考研。

国内考研准备主要有以下几方面。

（1）确定报考的学校和专业。是考本校还是考外校？是考本专业还是跨专业报考？

（2）收集考试各科目参考用书。参考用书是招生单位给考生指定的复习用书，专业课一般为各校自主命题，每年都会在招生单位的相关网页上公布参考用书信息，需根据要求收集完整信息并仔细研读。提前复习的学生完全可以参照去年公布的参考用书，一般不会有太大变化。思想政治理论、外国语、数学的参考用书都不是大学教材，而是具有复习总结功能的"复习全书"。教育部考试中心没有指定这种书，需根据情况自行选择。数学因专业的不同分为数学一（理工类）、数学二（理工类）、数学三（文商类）三种。数学一的考试范围是高等数学占56%，线性代数占22%，概率论与数理统计占22%；数学二的考试范围是高等数学占78%，线性代数占22%；数学三的考试范围是微积分占56%，线性代数占22%，概率论与数理统计占22%。建议准备考试的学生应尽早复习。数学基础差的学生应该比其他学生更努力，可以尽早开始，或者选择一些适合自己的课程。

（3）收集往届研究生入学试题。至少需要收集三年内的试题，研究命题风格和命题难度。

（4）制订各科复习计划。建议尽早复习英语和数学，先紧后松，每天坚持，采用历年真题材料。政治的考试大纲每年变化都很大，建议在教育部公布公共课考试大纲后复习。复习政治时要先松后紧，因为后期时事政治需要花费大量时间。专业课可以不用太急，可根据自己实际情况制订复习计划。

3. 出国读研的准备

如果想出国读研，则首先要确定读研的国家，国家不同，招收硕士研究生的条件、政策、培养方式等不同，应详细研究；然后要参加相应的语言水平考试，并达到要求。在校学习成绩决定了拟申请学校的层次、获得奖学金的情况等。准备好出国读研材料后，可以联系申请学校或导师，也可以通过留学中介联系。

6.2.3 读研途径

在校学生读研途径主要有保研、考研和出国读研三种。

1. 保研

保研是指推荐免试研究生，是不用参加全国硕士研究生入学统一考试而直接读研的方式。由于保研方法是在教育部关于推免的相关规定基础上由各学校制定的，因此学校不同，保研政策也有所不同，学生需要详细了解保研政策。

申请保研一般需要提交以下材料：申请表；个人陈述；专家推荐信；成绩单；由申请者所在学校教务处提供同意推荐免试的证明信，并加盖公章；获奖证书复印件；发表的学术论文等复印件；有的学校还要求获得相应的英语水平证书。

申请保研一般需要具备两大条件：拥护中国共产党的领导，愿为社会主义现代化建设服务，品德良好，遵纪守法；获得学校推荐免试资格的全国重点大学优秀应届本科毕业生。

推荐免试研究生的一般流程如图6.8所示。

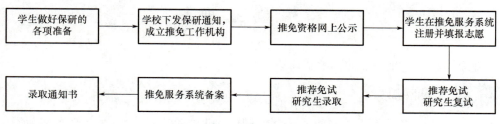

图6.8 推荐免试研究生的一般流程

2. 考研

全国硕士研究生招生考试分初试和复试两个阶段进行，初试由国家统一组织，初试日期和时间由教育部公布；复试由招生单位自行组织，复试时间、地点、内容范围和方式由招生单位公布。

全国硕士研究生招生初试一般设置四个单元考试科目，即思想政治理论、外国语、业务课一、业务课二，满分分别为100分、100分、150分、150分，各科考试时间一般为3小时，业务课一和业务课二由招生单位确定。

考试成绩由招生单位在教育部规定时间内公布。教育部按照一区、二区制定并公布参加全国统考和联考考生进入复试的初试成绩基本要求，招生单位在国家确定的初试成绩基本要求的基础上，结合生源和招生计划等情况，自主确定本单位进入复试的初试成绩基本要求及其他学术要求。经教育部批准的部分招生单位可自主确定考生进入复试的初试成绩基本要求及其他学术要求。

复试应采取差额形式，差额比率一般为120%，生源充足的招生单位可以适度扩大差额复试比。达到复试成绩但没有参加复试的考生或参加复试但没有被录取的考生，可以申请调剂。

3. 出国读研

近年来，随着留学市场的日益开放和各国留学政策对我国留学生的倾向，出国读研呈稳步上升趋势。国外的研究生教育差别很大，每个国家的学制、费用和申请条件等都有自己的相关规定，一定要选择适合自己的国家、学校和专业。

出国读研的一般流程如图6.9所示。

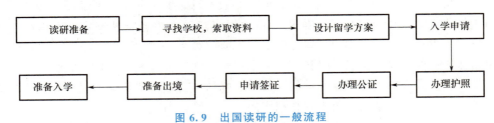

图6.9 出国读研的一般流程

随着我国留学市场的不断开发，很多国家推出对我国留学生有利的留学政策，出国读研前一定要了解各国最新留学动态，作出理性的选择。

6.3 创业规划

创业是高校毕业生就业的一种新趋势。

6.3.1 创业概况

大学生创业引起了社会各方面的关注，国家不断推出针对大学生创业的各种优惠政策，鼓励和支持大学生自主创业。国办发〔2021〕35号《国务院办公厅关于进一步支持大学生创新创业的指导意见》提出,要提升大学生创新创业能力、优化大学生创新创业环境、加强大学生创新创业服务平台建设、推动落实大学生创新创业财税扶持政策、加强对大学生创新创业的金融政策支持、促进大学生创新创业成果转化、办好中国国际"互联网+"大学生创新创业大赛、加强大学生创新创业信息服务等。其中,提升大学生创新创业能力主要体现在以下三个方面。

(1) 将创新创业教育贯穿人才培养全过程。深化高校创新创业教育改革,健全课堂教学、自主学习、结合实践、指导帮扶、文化引领融为一体的高校创新创业教育体系,增强大学生的创新精神、创业意识和创新创业能力。建立以创新创业为导向的新型人才培养模式,健全校校、校企、校地、校所协同的创新创业人才培养机制,打造一批创新创业教育特色示范课程。

(2) 提升教师创新创业教育教学能力。强化高校教师创新创业教育教学能力和素养培训,改革教学方法和考核方式,推动教师把国际前沿学术发展、最新研究成果和实践经验融入课堂教学。完善高校双创指导教师到行业企业挂职锻炼的保障激励政策。实施高校双创校外导师专项人才计划,探索实施驻校企业家制度,吸引更多各行各业优秀人才担任双创导师。支持建设一批双创导师培训基地,定期开展培训。

(3) 加强大学生创新创业培训。打造一批高校创新创业培训活动品牌,创新培训模式,面向大学生开展高质量、有针对性的创新创业培训,提升大学生创新创业能力。组织双创导师深入校园举办创业大讲堂,进行创业政策解读、经验分享和实践指导等。支持各类创新创业大赛对大学生创业者给予倾斜。

尽管国家和学校为大学生自主创业提供了诸多支持和优惠政策,但我国大学生自主创业还处于起步阶段,选择自主创业的大学生不多,自主创业的成功率也不高。

根据《大学生创业调研报告》,影响创业的客观因素和主观因素分别如图6.10和图6.11所示。资金、人脉关系、市场环境和社会阅历是影响创业的主要客观因素;市场意识、创新精神、责任感和合作意识是影响创业的主要主观因素。

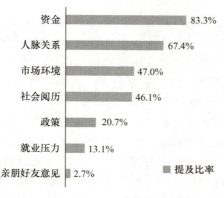

图 6.10　影响创业的客观因素

创业成功的内在因素如图 6.12 所示,执行能力、市场调查能力、团队合作能力和创新能力是创业成功的主要内在因素。

本部分可介绍本校近三年的创业情况。

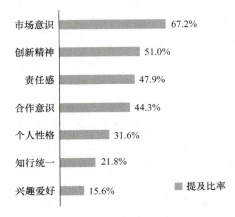

图 6.11　影响创业的主观因素

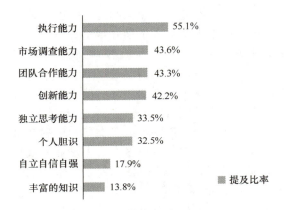

图 6.12　创业成功的内在因素

6.3.2　创业准备

如果大学生有创业意愿，则关键在于培养创业能力。创业能力是指大学生在创业活动过程中必须具备的一系列能力，如创业原动力、机会把握力、资源整合力、创业坚毅力、关系胜任力、创新创业力和实践学习力等。

（1）**创业原动力**。创业原动力是指对创业生活方式及其成果的向往和追求能力，对创业生活方式和成果的向往是创业基础，学生渴望拥有成功人士的生活方式，为自己的事业奋斗；期望自己的创业成果能对社会有重要影响，期望通过努力创造的新产品、新成果能够对地方经济发展产生促进作用。创业的追求能力主要表现在学生是否拥有较完善的创业计划，是否相信自己能独立承担创业风险、解决创业过程中将遇到的大多数难题。

（2）**机会把握力**。机会把握力是指通过各种方法识别、评估和捕捉市场机会的能力。机会把握力主要包括三个层面：第一个层面是识别市场创业机会，常用渠道有通过各种媒介获得商业动态、通过关系网络征求商业信息、通过向有行业经验的人请教创业可行性，还可以自己预测市场对某种产品的需求。该层面是把握创业机会的基础，需要创业者具有敏锐的洞察力。第二个层面是评估市场创业机会，需要创业者努力寻找途径来评估创业价值，如通过实践尝试来评估创业可行性或者通过与人交流来评估创业机会。第三个层面是把握市场创业机会，主要表现为个人的决策能力，对创业机会作出评估后，根据自身的实际情况快速作出抉择。该层面要求创业者有清醒的头脑，可以认准商机。

（3）**资源整合力**。资源整合力是指整合组织内外人力、财物和技术资源的能力。它是学生在创业过程中把握好创业机会后，有效地组织身边可以利用的各项资源的能力。资源整合力主要包括三个层面：第一个层面是充分利用人力资源。对于创业来说，人才是创业成功的关键，最理想的情况是创业者自己就是创业事业的关键人才。因为在这种情况下，关键人力资源能够得到充分发挥。若创业者只是看准了商机，而自己不是这方面的专家，则需要引入专家型人才，投入的人力成本较高。此外，创业者需要善于配置和发挥团队成员的能力，并通过实行有效的激励机制，使成员完成公司制定的各项战略规划。第二个层面是充分利用物质资源。创业者需要了解可利用资源分配情况，以便在需要时及时、有效地获得所需资源。此外，创业者还需要善于整合分散资源来完成一项任务或活动。第三个层面是充分利用技术资源，主要表现在创业者要善于发掘并利用一些资源的潜在价值。技术与人才都是创业成功的关键因素。拥有先进的技术，创业往往事半功倍。因此，创业者要增加这方面的投入，鼓励成员学习新技术以提高工作效率。

（4）**创业坚毅力**。创业坚毅力是指面对创业的困难和挫折坚持而不放弃的能力。创业是开拓一条新的事业道路，对于学生而言，创业需要从头开始，遇到困难也是必然的事，需要学生拥有创业坚毅力，从而顺利走上创业道路，实现自己的创业梦想。创业坚毅力主要表现在以下方面：认可创业是一种能力的锻炼和鞭答；在创业过程中遇到困难时，能经常自我鼓励和自我激励；即使在创业过程中遇到了很大的困难，也会尽自己最大努力完成创业目标；总是能积极面对创业过程中遇到的困境；在创业过程中遇到困难时，能多方求助以找到解决方案；在创业过程中遇到瓶颈时，能积极反思并向有行业经验的前辈请教，以修正创业方案。

（5）**关系胜任力**。关系胜任力是指建立和维持个人之间、个人和组织之间互动关系的能力。建立和维持个人之间的互动关系主要表现在创业者是否善于与陌生人建立朋友关系、结识不同背景或不同类型的朋友、通过各种渠道结识新朋友、主动与新结识的朋友保持联系、时常关心身边的人等。建立和维持个人与组织之间的互动关系主要是指创业后，个人代表公司（或企业）与其他公司或者企业进行互动，以促进本公司或企业的运行和发展。

（6）**创新创业力**。创新创业力是指创新性地解决创业过程中出现的各种问题，包括创造和改进新的技术、产品、服务和流程的能力。创新是创业成功的一个重要因素，创业者要有强烈的接受新知识、掌握新技能的愿望，在日常生活和工作中总是有很强的创新意识，喜欢用创新的方法处理问题，喜欢突破常规思路或方法，等等。

（7）**实践学习力**。实践学习力是指在实践中不断学习创业知识和技能的能力。实践学习力是所有人都应拥有的能力，只有拥有学习能力，才能跟上社会脚步，不被社会淘汰。当今社会科学技术发展迅速，如果不善于学习，就无法在社会上立足。实践学习主要包括坚持良好的读书习惯，并从书籍中学习；善于学习他人的成功经验；善于从网络和书籍等媒介中学习知识和技能；善于倾听与学习他人的想法或建议；善于在实践中学习各种知识和技能，以便有效解决创业中遇到的困难。

学生需要在不断的学习和实践中培养创业能力，可以针对创业计划，有针对性地学习和实践。

根据《大学生创业调研报告》，创业前的准备如图 6.13 所示，其中社会历练、朋友资源及成功者经验是主要准备工作。

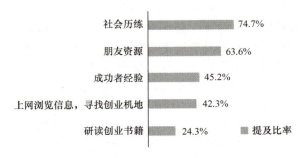

图 6.13 创业前的准备

为了提高创业能力，学生在校期间要积极参加中国"互联网＋"大学生创新创业大赛、"挑战杯"中国大学生创业计划大赛等。

6.3.3 创业途径

学生创业途径主要有网络创业、加盟连锁创业、合作创业、自我积累创业和技术智能型创业等。

1. 网络创业

互联网改变了人们的生活理念，同时提供了全新的创业方式。网络创业与传统创业不同，无须"白手起家"，而是利用现有网络资源创业。网络创业主要有两种形式：网上开店（在网上注册成立网络商店）和网上加盟（以某个电子商务网站门店的形式经营，利用母体网站的货源和销售渠道）。网络创业的主要优势是准入门槛低、成本低、承担风险小、经营方式灵活，特别适合初涉商海的学生。而且，网络创业受到政府的重视，政府给予诸多优惠政策和措施，有些地方建立了电子商务创业园，为创业者提供优质的创业环境和创业服务。

越来越多的学生投身到电子商务行业进行创业，网络创业将成为学生创业的重要方式。虽然网络创业风险较小，但是不等于没有风险，在创业前要进行多方调研，选择既适合自己产品特点又具较高访问量的电子商务平台。

2. 加盟连锁创业

加盟连锁创业可以分享品牌、分享经营诀窍、分享资源，成为备受青睐的创业方式。目前，连锁加盟有直营、委托加盟和特许加盟等形式，投资金额根据商品种类、技术设备的不同而不同。在经营管理模式方面，总部或者中心统一管理，学生可以直接享受规模经营和品牌效应带来的效益，同时在经营管理方面可以借鉴现有经验和模式，规避学生创业的风险，提高创业成功率。但是加盟连锁创业的初期投资要求高，经营管理和发展缺乏自主性、创造性，创业企业发展空间较小。全国各地经常举办加盟连锁展会，如果想从事加盟连锁创业，就应该多关注加盟连锁展会动态。加盟连锁创业受到创业大学生的普遍欢迎。汽车行业的连锁机构非常多，主要集中在汽车后市场。

3. 合作创业

合作创业是一种既能分担风险又能分工合作的创业方法。找几个志同道合、有管理经验、有资金或有技术发明的伙伴共同创业是比较流行的创业手段。优势互补的创业团队是创业成功的法宝，但选择伙伴可能是成功的关键，也可能隐藏失败的风险。只有大家同心协力，集合各自优势，利用群体的智慧和能量，不计较个人得失，企业才能长远发展。

4. 自我积累创业

自我积累创业是指创业者在经济基础薄弱的前提下，通过积累将企业由小做到大，是一种完全独立的创业活动。通常自我积累创业所需时间较长，对创业者的心理素质要求较高。自我积累创业没有固定的形式，创业者在创业初期主要从事技术门槛较低、投资较少的行业，如餐饮、商品批发和零售等。通过自我积累创业发展起来的企业规模小，规章制度建设不完善，在经营管理上创业者有自由发挥的空间。企业取得一定成果后，会转变发展思路，并建立既有法人地位的规范的股份制小型公司，但这种公司缺乏核心竞争力，其长期发展令人担忧，抗风险能力较弱。

5. 技术智能型创业

技术智能型创业成本较低，但对学生科研能力的要求比较高，需要具有某方面的专长，如管理才能、营销才能和技术才能等，并以专利产品为依托获得风险投资的资助建厂创业。许多地级城市都建立了"孵化器"，拥有技术、产品的人进入"孵化器"，配备各种管理人员，进行正式投产前的"预热"是较好的选择。

除以上创业途径外，还有一些其他创业途径，想要创业的大学生应时刻关注大学生创业教育和大学生创业鼓励政策，只有把创业教育植入大学生的理论学习和实践中，才能为将来创业提供更扎实的理论基础和经验。

1. 大学生就业需要做哪些准备？就业途径有哪些？
2. 读研途径有哪些？
3. 大学生创业能力包括哪些方面？创业途径有哪些？

参考文献

崔胜民，2015. 车辆工程专业导论［M］. 北京：北京大学出版社.
崔胜民，2020. 智能网联汽车自动驾驶仿真技术［M］. 北京：化学工业出版社.
崔胜民，2021a. 面向汽车的新一代信息技术［M］. 北京：机械工业出版社.
崔胜民，2021b. 智能网联汽车技术［M］. 北京：机械工业出版社.
崔胜民，2022. 新能源汽车概论［M］. 4版. 北京：北京大学出版社.
崔胜民，2023a. 新能源汽车技术［M］. 4版. 北京：北京大学出版社
崔胜民，2023b. 智能网联汽车先进驾驶辅助系统（ADAS）［M］. 北京：化学工业出版社.
崔胜民，卞合善，2020. 智能网联汽车环境感知技术［M］. 北京：人民邮电出版社.
崔胜民，卞合善，2021. 智能网联汽车导航定位技术［M］. 北京：人民邮电出版社.

附录一
某高校智能车辆工程专业的培养方案

一、培养目标

面向社会进步和科技发展所需,秉承"规格严格,功夫到家"校训,着力培养富有良知和社会责任感,具有创新精神、实践能力和国际视野,掌握汽车产业电动化、智能化与网联化必需的较系统的基础科学知识、较宽广的技术基础知识、必要的专业知识及基本技能,能在智能网联汽车产业内从事零部件设计、技术研发、工程应用和项目管理等工作的创新型卓越人才。

二、毕业要求

智能车辆工程专业的学生主要学习自然科学基础、技术科学基础和本专业领域及相关专业的基本理论和基本知识,接受现代工程师的基本训练,具有分析和解决实际复杂工程问题的能力。要求毕业生具备以下几个方面的知识和能力。

(1) 工程知识。具有扎实的数学和物理等基础科学知识,熟练掌握微积分和代数几何等基本原理及分析方法,掌握力学和电磁学等的基本原理及方法,熟练掌握智能车辆工程关键技术的基本原理和设计方法,熟悉设计、生产智能网联汽车的一般技术、过程、组织和管理以及工程检测、工程试验的基本方法,能够运用数学、自然科学、工程基础和专业知识解决复杂工程问题。

(2) 问题分析。能够应用数学、自然科学和工程科学的基本原理,将复杂智能车辆工程问题抽象成理论模型并进行分析和求解,并对分析结果进行判断和表达;具有追求创新的态度和意识,能够针对问题制定研究方案,运用所学的基础理论知识进行分析和试验,并对试验结果进行分析和解释,通过信息综合得到合理、有效的结论。

(3) 设计/开发解决方案。能够根据用户需求确定智能车辆工程设计方案,并在设计方案中体现创新意识;在综合考虑技术、经济、环境和法规等约束条件下,对设计方案进行优化,以图纸、报告或实物等形式呈现设计成果。

(4) 使用现代工具。至少掌握一门计算机编程语言,具备一定编程能力;能够使用计算机辅助分析软件解决复杂工程问题；能够熟练运用文献检索工具获知智能车辆工程领域的最新进展。

（5）工程与社会。了解智能车辆工程的发展历程及其在国民经济中的地位和作用，认识智能车辆工程对社会、健康、安全、法律及文化的影响，理解环境与智能车辆工程的关系。

（6）职业规范。具有良好的人文素养、职业道德和社会责任感，能够在工程实践中理解并遵守工程职业道德和规范，具有合作精神和团队协作能力，具有组织、协调和管理能力。

（7）沟通管理。具备撰写专题报告、陈述表达的能力，具备广阔的智能车辆工程领域国际视野，能够在跨文化背景下沟通和交流，掌握智能车辆工程项目管理的基本知识和决策方法，能够在设计、制造和销售中运用所学经济、管理方面的知识、原理及方法。

（8）终身学习。能够认识到不断探索和不断学习的必要性，具有自主学习和终身学习的意识，具备终身学习的知识基础，掌握自主学习的方法，了解拓展知识和能力的途径。

三、主干学科

主干学科：机械工程。

四、专业基础课程和专业核心课程

专业基础课程：机械原理、机械设计、理论力学、电路与电子学、自动控制原理、信号处理、嵌入式系统原理。

专业核心课程：汽车构造、汽车理论、智能车辆规划与决策、智能车辆控制、智能车辆环境感知技术、智能网联汽车技术。

五、学制、授予学位及毕业学分要求

学制：四年。

授予学位：工学学士。

毕业学分要求：本专业学生应达到学校对本科毕业生提出的德、智、体、美等方面的要求，完成培养方案规定的全部课程学习及实践环节训练，修满169.5学分，其中通识教育课程74学分，专业教育课程85.5学分，个性化发展课程10学分（包括创新创业4学分），毕业设计（论文）答辩合格，方可准予毕业。

六、学年教学进程表

智能车辆工程专业第一学年教学进程见表Ⅰ-1。

某高校智能车辆工程专业的培养方案　附录一

表Ⅰ-1　智能车辆工程专业第一学年教学进程

开课学期	课程编号	课程名称	学分	学时分配					考核方式
				学时	讲课	实验	上机	习题	课外	

开课学期	课程编号	课程名称	学分	学时	讲课	实验	上机	习题	课外	考核方式
秋季	MX11021	思想道德修养与法律基础	2.5	40	40					考查
	LL12101	大学外语	1.5	32	32					考试
	MA21003	微积分B（1）	5.5	88	88					考试
	PE13001	体育	1	32	32					考查
	MA21005	代数与几何	4	64	54			10		考试
	OE31005	工程图学C	3	48	48					考试
	AE32204	智能车辆工程类专业导论	1	16	16					考查
	CS14000	大学计算机	2	32	32					考查
	AD15002	军事理论	2	36	36					考查
	AD15003	军事技能	2	2周						考查
		小　计	24.5	388+2周	378			10		
春季	MX11022	中国近现代史纲要	2.5	40	40					考试
	MX11025	形势与政策（1）	0.5	8	8					考查
	MA21024	微积分B（2）	5.5	88	88					考试
	LL12102	大学外语	1.5	32	32					考试
	PE13002	体育	1	32	32					考查
	MA21006	概率论与数理统计	3	48	48					考查
	PH21013	大学物理B（1）	5.5	88	88					考试
	CS32904	C语言程序设计	3	48	30	18				考查
	AD11011	思想道德修养与法律基础实践课	0.5	8					8	考查
	AE33234	智能车辆仿真技术	2	16			16			考查
		小　计	25	424	382	18	16		8	
夏季		文化素质教育课程	4	64	64					考查
		文化素质教育系列讲座	0.5	4次						考查
		个体化发展课程	2							考查
		小　计	6.5	64+4次	64					
备注	1. 文化素质教育大学四年要求修满10学分，建议本学年修满4学分。 2. 个性化发展课程大学四年要求修满10学分（其中创新创业学分要求至少修满4学分），建议本学年修满2学分，建议选择大一年度项目计划、创新研修课。 3. 夏季学期应获得2~4学分									

智能车辆工程专业第二学年教学进程见表Ⅰ-2。

表Ⅰ-2 智能车辆工程专业第二学年教学进程

开课学期	课程编号	课程名称	学分	学时分配						考核方式
				学时	讲课	实验	上机	习题	课外	
秋季	MX11023	马克思主义基本原理概论	3	48	48					考试
	PH21014	大学物理B（2）	4	64	64					考试
	LL12103	大学外语	1.5	32	32					考试
	PE13003	体育	0.5	16	16					考查
	PH21023	大学物理实验B（1）	1.5	36	3	33				考查
	IE31012X	电路与电子学	4	64	64					考试
	IE31922X	电路与电子学实验	1	24		24				考查
	OE31501	理论力学	4.5	72	64			8		考试
	AD11012	中国近现代史纲要实践课	0.5	8					8	考查
		小 计	20.5	364	291	65			8	
春季	MA31111N	计算方法	1	16	16					考试
	MX11024	毛泽东思想和中国特色社会主义理论体系概论	4	64	64					考试
	MX11026	形势与政策（2）	0.5	8	8					考查
	LL12104	大学外语	1.5	32	32					考试
	PE13004	体育	0.5	16	16					考查
	OE31101	机械原理	3	48	48					考试
	OE34401	机械原理实验	0.5	10		10				考查
	IE32401X	信号处理基础	2	40	40					考试
	PH21024	大学物理实验B（2）	1	24		24				考查
	OE32712	数据结构与算法设计	2	32	32					考查
	AE33232	单片机原理及实践	2	32	24	8				考查
	AE33231	软件设计与开发实践	2	32	16		16			考查
		小 计	20	354	296	42	16			

续表

开课学期	课程编号	课程名称	学分	学时分配						考核方式
				学时	讲课	实验	上机	习题	课外	
夏季	—	文化素质教育系列讲座	0.5	4次						考查
	—	文化素质教育课程	4	64	64					考查
	AE34208	智能车原型制作与开发	2	2周						考查
		小 计	6.5	64+2周+4次		64				
备注	\multicolumn{10}{l}{1. 文化素质教育大学四年要求修满10学分，建议本学年修满4学分。2. 个性化发展课程大学四年要求修满10学分（其中创新创业学分要求至少修满4学分），建议本学年修满2学分，建议选择科技立项或学科竞赛。3. 夏季学期应获得2～4学分}									

智能车辆工程专业第三学年教学进程见表Ⅰ-3。

表Ⅰ-3 智能车辆工程专业第三学年教学进程

开课学期	课程编号	课程名称	学分	学时分配						考核方式
				学时	讲课	实验	上机	习题	课外	
秋季	MX11027	形势与政策（3）（习近平新时代中国特色社会主义思想专题辅导1）	0.5	8	8					考查
	AE33223	智能车辆环境感知技术	2	32	32					考试
	IE31101	自动控制原理C	3	52	44			8		考试
	OE31102	机械设计	3	48	48					考试
	OE34402	机械设计实验	0.5	10		10				考查
	CS32903	计算机组成原理	3	52	40		12			考试
	MA31112N	最优化方法应用	1	16	16					考查
	MA31114N	数据挖掘	1	16	16					考查
	AE33225	智能车辆规划与决策	2	32	32					考试
	AE33233	人工智能入门	2	32	32					考查
	AE33242	汽车构造	3	48	48					考试
	AE34206	汽车构造实验	1	24		24				考查
	MX11013	毛泽东思想与中国特色社会主义理论体系概论实践课	1	16					16	考查
		全校任选课	1	20	20					考查
		小 计	24	386	336	54			16	

续表

开课学期	课程编号	课程名称	学分	学时分配						考核方式
				学时	讲课	实验	上机	习题	课外	
春季	AE33226	智能车辆控制	2	32	32					考试
	AE33206	智能网联汽车技术	2	32	24		8			考试
	OE33709	嵌入式系统原理	2	32	24	8				考试
	AE33202	汽车理论	3	48	42	6				考试
	AE33203	汽车电子技术	2	32	32					考查
	AE33204	汽车设计	2.5	40	40					考查
	AE34203	生产实习	2	2周						考查
		小 计	15.5	216+2周	194	14	8			
夏季		专业选修课（表Ⅰ-5）	2	32	32					考查
		文化素质教育课程	1	16	16					考查
		小 计	3	48	48					
备注	1. 文化素质教育大学四年要求修满10学分，建议截至本学年全部修满。 2. 专业选修课大学四年要求修满2学分，从表Ⅰ-5中选择2门。 3. 夏季学期应获得2~4学分									

智能车辆工程专业第四学年教学进程见表Ⅰ-4。

表Ⅰ-4 智能车辆工程专业第四学年教学进程

开课学期	课程编号	课程名称	学分	学时分配						考核方式
				学时	讲课	实验	上机	习题	课外	
秋季	MX11028	形势与政策（4）（习近平新时代中国特色社会主义思想专题辅导2）	0.5	8	8					考查
	AE34210	智能车辆平台设计开发	4	4周						考查
		个性化专业选修课(表Ⅰ-6)	4	64	64					考查
		小 计	8.5	72+4周	72					
春季	AE34212	毕业设计	12	12周						
		小 计	12	12周						
备注	毕业前要求个性化发展课程完成10学分，具体要求见第十部分									

智能车辆工程专业选修课程见表Ⅰ-5。

表Ⅰ-5　智能车辆工程专业选修课程

开课学期	课程编号	课程名称	学分	学时分配						考核方式
				学时	讲课	实验	上机	习题	课外	
夏季	AE33235	车载能源汽车设计与仿真	1	16	16					考查
	AE33227	智能车辆产业分析	1	16	16					考查
	AE33236	无人车遥操作技术	1	16	16					考查
	AE33237	新能源汽车整车控制技术	1	16	16					考查
	AE33238	Python 程序设计	1	16	16					考查
	AE33239	大数据技术及应用	1	16	16					考查
备注	毕业前要求专业选修课需至少修满 2 学分									

智能车辆工程个性化专业选修课程见表Ⅰ-6。

表Ⅰ-6　智能车辆工程个性化专业选修课程

开课学期	课程编号	课程名称	学分	学时分配						考核方式
				学时	讲课	实验	上机	习题	课外	
秋季	AE33241	智能交通系统	2	32	20		12			考查
	AE33205	汽车试验学	2	32	28	4				考查
	AE33211	车载网络技术	2	32	28	4				考查
	AE33240	电动汽车用电机及驱动技术	2	32	28	4				考查
	AE33207	电动汽车结构与原理	2	32	28	4				考查
	AE33216	新能源汽车概论	2	32	32					考查
	AE33219	汽车无人驾驶技术	2	32	32					考查
	AE33220	电动汽车动力电池管理系统设计	2	32	32					考查
	AE33230	电动汽车动力电池系统设计与制造	2	32	32					考查
备注	毕业前要求个性化专业选修课需至少修满 4 学分，具体要求见第十部分									

七、课程类别及学分比率

课程类别及学分比率见表Ⅰ-7。

表Ⅰ-7 课程类别及学分比率

类别	课程类别	学分	比率/(%)
通识教育	公共基础课程	31	18.29
	文理通识课程——数学与自然科学基础课程	33	19.47
	文理通识课程——文化素质教育课程	10	5.9
专业教育	专业基础课程	44	25.96
	专业核心课程	18.5	10.91
	专业选修课程	2	1.18
	课程设计	6	3.54
	实习实训	3	1.77
	毕业设计（论文）	12	7.08
个性化教育	个性化发展课程	10	5.9
合 计		169.5	100

八、实践教学环节学分要求

实践教学环节学分要求见表Ⅰ-8。

表Ⅰ-8 实践教学环节学分要求

课程类别/名称	学时	学分
军事理论	36	2
军事技能	2周	2
思政实践	32	2
C语言程序设计	18	1
智能车辆仿真技术	16	1
大学物理实验B（1）	36	1.5
大学物理实验B（2）	24	1
电路与电子学实验	24	1
机械原理实验	10	0.5
机械设计实验	10	0.5
理论力学实验	8	0.5
单片机原理及实践	8	0.5
自动控制原理C	8	0.5
计算机组成原理	12	0.5
智能网联汽车技术	8	0.5

续表

课程类别/名称	学时	学分
嵌入式系统原理	8	0.5
汽车构造实验	24	1
汽车理论实验	6	0.5
软件设计与开发实践	16	1
智能车原型制作与开发	2周	2
智能车辆平台设计开发	4周	4
生产实习	2周	2
毕业设计	12周	12
创新创业实践	2周	2
合计	304+24周	40

九、文化素质教育学分要求

文化素质教育学分要求见表Ⅰ-9。

表Ⅰ-9 文化素质教育学分要求

课程类别	学分
文化素质教育课程	9
文化素质教育讲座（8次）	1
合计	10

十、个性化发展课程学分要求

个性化发展课程学分要求见表Ⅰ-10。

表Ⅰ-10 个性化发展课程学分要求

课程类别	学分
本专业选修课程	6
外专业基础课程	
外专业核心课程	
研究生课程	
创新创业课程	4
创新创业实践	
合计	10

注：1. 创新学分。要求至少修满4学分方可毕业；保送研究生需在第三学年春季学期结束时修满6学分；获得10以上创新学分方可参与优秀毕业生认定。

2. 鼓励部分学有余力的优秀学生选修外专业核心课程、研究生课程。

十一、外专业辅修、攻读双学位教学计划

外专业辅修、攻读双学位教学计划见表Ⅰ-11。

表Ⅰ-11 外专业辅修、攻读双学位教学计划

课程编码	课程名称	类别	学时	学分	建议选课学期
AE33231	软件设计与开发实践	专业基础	32	2	第二学年（春季）
AE34208	智能车原型制作与开发	实践设计	2周	2	第二学年（夏季）
AE33242	汽车构造	专业核心	48	8	第三学年（秋季）
AE34206	汽车构造实验	实践设计	24	1	
AE33223	智能车辆环境感知技术	专业核心	32	2	
AE33225	智能车辆规划与决策	专业核心	32	2	
AE33203	汽车电子技术	专业核心	32	2	第三学年（春季）
AE33202	汽车理论	专业核心	48	3	
AE33204	汽车设计	专业核心	40	2.5	
AE33709	嵌入式系统原理	专业基础	32	2	
AE33226	智能车辆控制	专业核心	32	2	
AE33206	智能网联汽车技术	专业核心	32	2	
AE34210	智能车辆平台设计开发	实践设计	4周	4	第三学年（夏季）
AE34212	毕业设计	实践设计	12周	12	第四学年（春季）
学分合计：46.5					

注：完成46.5学分方可申请辅修学位证书；完成34.5学分［不含毕业设计（论文）］方可申请辅修专业证书。

十二、有关说明

1. 本专业学生本科期间应获得至少10个文化素质教育学分，其中文化素质教育课程要求修满9学分；文化素质教育讲座要求选听8次，完成记1学分。

2. 本专业学生本科期间应获得至少10个个性化发展学分。个性化发展课程包括本专业选修课程、外专业基础与核心课程、研究生课程、创新创业课程、创新创业实践。创新创业学分（包括创新创业课程和创新创业实践）至少获得4学分方可毕业。

附录二
某高校智能车辆工程专业的"智能网联汽车技术"教学大纲

一、课程基本信息

课程编号：AE33206。
课程名称：智能网联汽车技术。
英文名称：Intelligent Connected Vehicle Technology。
课程学时：32（讲课学时为24学时，上机学时为8学时）。
课程学分：2。
开课单位：汽车工程学院车辆工程系。
授课对象：智能车辆工程专业本科生。
开课学期：5春
先修课程：汽车构造。

二、课程目标

"智能网联汽车技术"课程是高等工科院校智能车辆工程专业的主干课程。随着全球汽车保有量的快速增长，能源短缺、环境污染、交通拥堵和事故频发等现象日益突出，并成为汽车产业可持续健康发展的限制因素。智能网联汽车被认为可以有效解决这些问题，代表着汽车行业未来的发展方向。"智能网联汽车技术"课程可以培养学生分析、设计智能网联汽车的能力。

"智能网联汽车技术"课程的培养目标如下。

目标Ⅰ．能够掌握智能网联汽车的基本知识、环境感知技术，了解智能网联汽车的无线通信技术、网络技术、导航定位技术，分析先进驾驶辅助系统的组成和原理。

目标Ⅱ．通过对智能网联汽车技术的解析和仿真实践，培养学生分析问题和解决问题的能力；采用MATLAB/Simulink软件对智能网联汽车进行仿真演示和大作业，培养学生的工程实践能力。

三、课程目标与毕业要求的对应关系

课程目标与毕业要求的对应关系见表Ⅱ-1。

表Ⅱ-1 课程目标与毕业要求的对应关系

毕业要求	毕业要求的具体描述	课程目标
问题分析	将复杂工程问题抽象成理论模型;对工程理论模型进行分析和求解	目标Ⅰ
使用现代工具	能使用计算机辅助分析软件解决复杂工程问题	目标Ⅱ

四、课程目标与课程内容的对应关系

课程目标与课程内容的对应关系见表Ⅱ-2。

表Ⅱ-2 课程目标与课程内容的对应关系

序号	教学内容	教学要求	学时	教学方式	课程目标
1	智能网联汽车基础知识	掌握智能网联汽车的基本概念和技术分级,了解智能网联汽车的体系结构、关键技术、发展趋势及发展规划	4	讲课讨论	目标Ⅰ
2	智能网联汽车环境感知技术	掌握智能网联汽车环境感知的定义、组成及各种传感器的用途;熟悉超声波雷达、毫米波雷达、激光雷达和视觉传感器的类型、特点及应用	4	讲课讨论	目标Ⅰ
3	智能网联汽车环境感知技术仿真	初步了解道路检测、车辆检测、行人检测、交通标志检测和交通信号灯检测;利用MATLAB软件对道路、车辆、行人、交通标志、交通信号灯进行检测仿真	4	上机	目标Ⅱ
4	智能网联汽车无线通信技术	了解无线通信的定义与分类,掌握V2X通信的定义、要求和应用,了解蓝牙通信、DSRC通信、LTE-V通信、移动通信的基本知识及其在智能网联汽车上的应用	2	讲课讨论	目标Ⅰ
5	智能网联汽车网络技术	掌握智能网联汽车的网络体系构成,了解车载网络的类型和特点,初步掌握车内网和车载自组织网络的基础知识,初步认识车载移动互联网	4	讲课讨论	目标Ⅰ
6	智能网联汽车导航定位技术	掌握智能网联汽车中导航定位的含义;了解全球定位系统的类型以及惯性导航系统、通信基站定位的原理,熟悉高精度地图与导航地图的差别以及高精度地图的作用	4	讲课讨论	目标Ⅰ

续表

序号	教学内容	教学要求	学时	教学方式	课程目标
7	智能网联汽车先进驾驶辅助技术	掌握智能网联汽车先进驾驶辅助系统的定义与类型,对各种先进驾驶辅助系统的定义、组成、原理及应用有较全面的认识	6	讲课讨论	目标Ⅰ
8	智能网联汽车先进驾驶辅助系统仿真	利用MATLAB软件对前向碰撞预警系统、车道保持辅助系统、自适应巡航控制系统等进行仿真分析	4	上机	目标Ⅱ

五、课程教学方法

课程教学环节以课堂授课为主,以辅导答疑为辅。在课堂教学中,基于小班(或中班)上课形式,采用启发式教学模式,以教师重点讲授、学生主动学习为主。在课堂时间内,精选教学内容,补充实际案例,采用案例教学模式,结合CAI课件、视频等资源,提高教学效果。鼓励和指导学生利用网络资源学习,培养学生使用现代工具的能力和终身学习能力。

六、课程考核方法

课程考核以检验课程目标的达成度为手段,评价学生学习效果的达成度。课程考核环节包括课后仿真作业和期末考试,总成绩采用百分制,满分100分。课程考核环节见表Ⅱ-3。

表Ⅱ-3 课程考核环节

课程考核环节	分值/分	考核与评价细则	课程目标
平时成绩	20	(1)考核学生上课出勤率和表现。 (2)仿真作业交4次。 (3)综合以上两项,给出成绩	目标Ⅱ
期末成绩	80	(1)卷面成绩100分,以卷面成绩按比例折算实际得分。 (2)考试命题以大纲中应知应会内容为主,题型有填空题、单选题、判断题、简答题、论述题等	目标Ⅰ

七、主要教材与参考书

[1] 崔胜民,2021. 智能网联汽车技术[M]. 北京:机械工业出版社.

[2] 崔胜民,2019. 智能网联汽车概论[M]. 北京:人民邮电出版社.

[3] 崔胜民,2020. 智能网联汽车自动驾驶仿真技术[M]. 北京:化学工业出版社.

[4] 崔胜民,2020. 智能网联汽车技术及仿真实例[M]. 北京:人民邮电出版社.

附录三 某高校智能车辆工程专业的"智能网联汽车技术"教学日历

"智能网联汽车技术"教学日历见表Ⅲ-1。

表Ⅲ-1 "智能网联汽车技术"教学日历

课程名称	智能网联汽车技术			任课教师			***	
课程学时	32			课程学分			2	
课程属性	必修			课程起止周数			1~8	
授课班级	1901801,1901802			选课人数			49	
双语/全英语教学	否☐ 双语☐ 全英语☐			多媒体教学			是☐ 否☐	
教材	《智能网联汽车技术》 机械工业出版社 崔胜民 主编							
序号	周次	星期	节次	授课方式	授课内容		授课地点	教材页数
1	1	二	一	讲课	第1章:智能网联汽车的定义;智能网联汽车的技术分级		H330	1~5
2	1	四	一	讲课	第1章:智能网联汽车的体系构成与关键技术;智能网联汽车的标准体系;智能网联汽车的发展趋势		H330	5~12
3	2	二	一	讲课	第2章:环境感知技术简介;超声波雷达;毫米波雷达		H330	13~26
4	2	四	一	讲课	第2章:激光雷达;视觉传感器		H330	27~53
5	3	二	一	讲课	第2章:传感器融合技术;道路识别技术		H330	53~63

续表

序号	周次	星期	节次	授课方式	授课内容	授课地点	教材页数
6	3	四	一	上机	第2章：车辆识别技术；行人识别技术；交通标志识别技术	H330	64～76
7	4	二	一	上机	第2章：交通信号灯识别技术；人工智能技术简介	H330	76～89
8	4	四	一	讲课	第3章：智能网联汽车的网络构成与特点；车载网络技术	H330	90～100
9	5	二	一	讲课	第3章：车载自组织网络技术；V2X通信技术；车路协同控制技术	H330	100～125
10	5	四	一	讲课	第4章：导航定位简介；卫星定位技术；惯性导航与航位推算技术	H330	126～149
11	6	二	一	讲课	第4章：通信基站定位技术；即时定位与地图构建技术；高精度地图；路径规划技术	H330	149～166
12	6	四	一	讲课	第5章：汽车线控转向技术；汽车线控制动技术；汽车线控节气门技术	H330	167～180
13	7	二	一	讲课	第5章：汽车运动学模型；汽车动力学模型；汽车运动控制模块；汽车运动控制仿真	H330	181～188
14	7	四	一	讲课	第6章：先进驾驶辅助技术简介；先进驾驶辅助系统的类型；前向碰撞预警系统	H330	190～199
15	8	二	一	上机	第6章：自动紧急制动系统；车道偏离预警系统；车道保持辅助系统；自适应巡航控制系统；智能泊车辅助系统	H330	199～215
16	8	四	一	上机	第7章：智能网联汽车自动驾驶仿真系统构成；自动驾驶仿真软件简介；MATLAB自动驾驶工具箱简介	H330	216～238
任课教师签字					教研室主任签字		

附录四

某高校智能车辆工程专业的"智能网联汽车技术"考试模板

一、填空题（每题 0.5 分，共 20 分）

1. 我国把汽车驾驶自动化分为 5 个等级，1 级为_____，2 级为_____，3 级为_____，4 级为_____，5 级为_____。

2. 路径规划分为_____和_____；其中_____属于静态规划，_____属于动态路径规划。

3. 智能网联汽车环境感知方法主要通过_____、_____、_____、_____、_____以及传感器融合等实现，并配备先进的软件算法。

4. 智能网联汽车主要包括 3 种网络，即_____、_____和_____；车载网络按照协议划分为_____、_____、_____、_____以及_____等总线技术，其中最适用于激光雷达的是_____。

5. 路径规划中的环境模型建立方法主要有_____、_____、_____和_____等。

6. 智能网联汽车导航定位的方法有_____、_____、_____、_____、_____、_____以及组合定位等。

7. 汽车线控技术主要包括_____、_____和_____。

8. 汽车运动控制模型主要分为两类，一类是_____，另一类是_____。

二、单选题（每题 1 分，共 20 分）

1. 在智能网联汽车技术架构中，不属于车辆关键技术的是（　　）。
   A. 环境感知技术　　　　　　　B. 系统设计技术
   C. 智能决策技术　　　　　　　D. 车路协同技术

2. 不属于图像传感器技术参数的是（　　）。
   A. 焦距　　　　　B. 像素　　　　　C. 帧率　　　　　D. 感光度
3. 不适合作为智能网联汽车自适应巡航系统传感器的是（　　）。
   A. 超声波雷达　　B. 毫米波雷达　　C. 激光雷达　　　D. 视觉传感器
4. 属于无人驾驶汽车的是（　　）。
   A. L4级　　　　　B. L1级　　　　　C. L2级　　　　　D. L3级
5. 属于路径规划智能算法的是（　　）。
   A. Dijkstra算法　B. 遗传算法　　　C. A*算法　　　　D. D*算法
6. 用于智能网联汽车车道保持辅助系统的传感器是（　　）。
   A. 超声波雷达　　B. 毫米波雷达　　C. 激光雷达　　　D. 视觉传感器
7. 行人识别的常用传感器是（　　）。
   A. 超声波雷达　　B. 毫米波雷达　　C. 激光雷达　　　D. 视觉传感器
8. 不属于短距离通信的是（　　）。
   A. ZigBee　　　　B. Wi-Fi　　　　C. 5G网络　　　　D. UWB
9. 属于短距离无线通信的是（　　）。
   A. 移动通信　　　B. 微波通信　　　C. 卫星通信　　　D. LTE-V通信
10. 使用GPS定位时，要求接收机至少观测到（　　）颗卫星的距离观测值才能同时确定用户所在空间位置。
    A. 3　　　　　　B. 4　　　　　　C. 5　　　　　　D. 6
11. RTK技术是一项能够在野外实时得到（　　）级定位精确的测量方法，这项技术采用了载波相位动态实时差分。
    A. 毫米　　　　　B. 厘米　　　　　C. 分米　　　　　D. 米
12. 无人驾驶汽车的定位精度一般应控制在（　　）以内。
    A. 5cm　　　　　B. 10cm　　　　　C. 15cm　　　　　D. 20cm
13. 车道保持辅助系统的执行单元不包括（　　）。
    A. 报警模块　　　　　　　　　　　B. 转向盘操纵模块
    C. 发动机控制模块　　　　　　　　D. 制动器操纵模块
14. GPS的相对定位精度在50km以内可达（　　）。
    A. 6~10m　　　　B. 7~10m　　　　C. 8~10m　　　　D. 9~10m
15. 不属于车载自组织网络通信的是（　　）。
    A. V2V通信　　　B. V2I通信　　　C. V2P通信　　　D. V2N通信
16. 下列（　　）技术不属于全球卫星定位差分技术。
    A. 位置差分　　　B. 角度差分　　　C. 伪距差分　　　D. 载波相位差分
17. 下列（　　）属于信息辅助类的先进驾驶辅助系统。
    A. LKA系统　　　B. BSD系统　　　C. AEB系统　　　D. ACC系统
18. 下列（　　）不属于毫米波雷达技术参数。
    A. 最大探测距离　B. 视场角　　　　C. 测量帧频　　　D. 误检率
19. 下列（　　）不属于行人识别特征。
    A. HOG特征　　　B. Haar特征　　　C. Edgelet特征　　D. 空间关系特征
20. 下列（　　）不属于交通标志识别流程内容。

A. 图像采集 B. 图像分割检测
C. 图像特征提取 D. 图像二值化

三、判断题（每题 1 分，共 20 分）

1. 智能网联汽车是智能汽车与车联网融合的产物，智能汽车和智能网联汽车的终极发展目标是无人驾驶汽车，车联网的终极发展目标是智能交通系统。（   ）

2. 人工智能技术在智能网联汽车技术架构中属于车辆关键技术。（   ）

3. 超声波雷达在智能网联汽车中主要用于智能泊车辅助系统，而且同一辆汽车配置的超声波雷达都是相同的。（   ）

4. 毫米波雷达具有三种测量能力，即与目标车辆（物体）的距离、方位角和相对径向速度。（   ）

5. 激光雷达是智能网联汽车必不可少的环境感知传感器。（   ）

6. 传感器融合要硬件同步、时间同步、空间同步和软件同步。（   ）

7. 线控转向的优点之一是能够自由设计转向传动比。（   ）

8. 智能网联汽车网络系统的特点是复杂化、异构化和高速化。（   ）

9. 车载自组织网络路由协议按接收数据包的节点数量可分为单播路由、广播路由和多播路由。（   ）

10. V2X 通信系统的安全风险主要来源于网络通信、业务应用、先进驾驶辅助系统、车载终端、路侧设备等。（   ）

11. 车路协同通过"端""管""云"三层架构实现环境感知、数据融合计算、决策控制，从而提供安全、高效、便捷的智慧交通服务。（   ）

12. 无人驾驶汽车必须采用多种定位技术进行组合定位，以达到定位精度要求。（   ）

13. 智能网联汽车导航定位方法与自动驾驶级别无关。（   ）

14. A*算法属于静态规划算法，D*算法属于动态规划算法。（   ）

15. 智能网联汽车的先进驾驶辅助系统只能使用超声波雷达、毫米波雷达、激光雷达和视觉传感器。（   ）

16. 前向碰撞预警系统在所有车速下都起作用。（   ）

17. BDS 与 GPS 的最大区别是能够实现通信功能。（   ）

18. 大数据的特点具有规模性、多样性、高速性和价值性。（   ）

19. 视觉 SLAM 比激光 SLAM 的定位精度高。（   ）

20. 自适应巡航控制系统只控制智能网联汽车的行驶速度。（   ）

四、简答题（每题 10 分，共 40 分）

1. 相机的内部参数和外部参数主要有哪些？如何获取这些参数？

2. 激光雷达如何分类？在使用方面有什么区别？

3. 导航地图和高精度地图的使用对象及精度有什么不同？高精度地图有哪些作用？

4. 自适应巡航控制系统由哪几部分组成？燃油汽车和电动汽车的自适应巡航控制系统的工作原理有什么不同？

附录五
某高校智能车辆工程专业的"智能车辆工程专业导论"考试模板

一、填空题（每题 0.5 分，共 50 分）

1. 汽车工业四次变革的主要标志分别是_____、_____、_____、_____。
2. 世界汽车产业布局主要分布在_____、_____、_____。
3. 中国汽车工业的发展历程分四个阶段，分别是_____、_____、_____、_____。
4. 随着汽车保有量的大幅度增长，汽车带来的危害主要有_____、_____、_____、_____。新能源汽车重点解决_____、_____，智能网联汽车重点解决_____、_____。
5. 汽车的主要类型有_____、_____、_____。
6. 燃油汽车主要由四部分组成，分别是_____、_____、_____、_____。
7. 燃油汽车的底盘主要由_____、_____、_____、_____组成。
8. 汽车的基本参数有_____、_____、_____。
9. 汽车的驱动形式主要有_____和_____。
10. 汽车悬架可以分为_____和_____。
11. 新能源汽车的主要参数有_____、_____、_____。
12. 根据车桥上车轮作用的不同，车桥可分为_____、_____、_____、_____。
13. 在新能源汽车的技术体系中，"三纵"分别为_____、_____、_____，"三横"分别为_____、_____、_____。
14. 纯电动汽车主要由_____、_____、_____、_____、_____等组成。
15. 混合动力电动汽车主要分为_____、_____、_____。

16. 燃料电池电动汽车主要由_____、_____、_____、_____、_____、_____组成。
17. 在智能网联汽车的技术体系中，"三横"是指_____、_____、_____，"两纵"是指_____、_____。
18. 智能网联汽车的智能化分为5级，1级为_____，2级为_____，3级为_____，4级为_____，5级为_____。
19. 智能网联汽车环境感知系统的主要传感器有_____、_____、_____、_____。
20. 智能网联汽车主要由_____、_____、_____组成。
21. 2级智能网联汽车道路识别的主要传感器是_____；车辆识别的主要传感器是_____和_____；交通标志识别的主要传感器是_____。
22. 智能网联汽车的先进驾驶辅助系统主要有_____、_____、_____、_____等。
23. 智能网联汽车V2X代表_____、_____、_____、_____。
24. 自动驾驶软件开发的常用编程语言是_____和_____。

二、论述题（每题25分，共50分）

1. 毕业时，你认为自己应该具备怎样的能力、素质和技能？

2. 通过本课程的学习，你的最大收获是什么？根据自己的毕业意向（就业、读研、创业），对自己的大学四年做规划。